교실 속으로 간

이해중심
통합교육과정

이론과 실천이 만나다 2

교실 속으로 간

이해중심
통합교육과정

이론과 실천이 만나다2

초판 1쇄 발행 2022년 4월 30일
초판 2쇄 발행 2023년 5월 15일

지은이 온정덕, 박상준, 변영임, 안나, 유수정, 정나라
펴낸이 김승희
펴낸곳 도서출판 살림터

기획 정광일
편집 조현주·송승호
북디자인 꼬리별

주소 서울시 양천구 목동동로 293, 2215-1호
전화 02-3141-6553
팩스 02-3141-6555
출판등록 2008년 3월 18일 제313-1990-12호
이메일 gwang80@hanmail.net
블로그 http://blog.naver.com/dkffk1020

ISBN 979-11-5930-223-7 03370

교실 속으로 간
이해중심 통합교육과정

이론과 실천이 만나다 2

온정덕·박상준·변영임·안나·유수정·정나라 지음

살림터

서문

사회가 점차 복잡해지고 전문화되면서 융합, 통섭, 통합이라는 용어가 일상 용어처럼 쓰이고 있다. 융합은 기존의 것들을 합쳐서 새로운 것을 만들어 내는 과정이나 그 결과물을 설명할 때 사용되며 전문 분야의 경우 새로운 학문이 만들어지기도 한다. 예컨대 바이오 수학이라는 학문 영역은 의료 데이터를 분석하고 예측 모델을 연구하거나 생명 현상과 의료 문제를 수학적으로 모델링하여 기존에 해결하지 못했던 복잡한 문제를 해결하게 된다. 그러나 전문가들의 융합과 학생들의 융합은 그 차원과 성격이 같을 수 없다. 융합을 연결하는 행위로 본다면, 교과 내에서 지식과 기능의 연결, 교과 영역 간의 연결, 교과 간의 연결을 고려해야 하며, 주제나 문제를 중심으로 교과 지식과 기능을 연결할 수 있도록 교육과정이 구조화되어야 할 것이다. 이를 학교 교육에서는 통합이라는 용어로 사용해 왔다.

교육과정 통합이라는 아이디어는 진보주의 시대로 거슬러 올라간다. 교과 중심의 분과적인 교육과정이 학생의 삶과 유리되어 있다는 비판을 바탕으로 교사가 학습자의 흥미와 관심을 고려하여 실생활에 유용한 교육과정을 개발해야 한다는 주장은 특히 초등교육을 하는 이들에게는 매력적인 아이디어라고 할 수 있다. 학습자 경험의 성장이 교육의 목적이 되어야 한다는 듀이Dewey의 생각은 활동을 통한 학습 learning by doing으로 널리 알려졌다. 하지만 이는 좋은 수업이란 학생들이 여러 활동에 참여하면서 즐거움을 느끼는 수업으로 인식하게 만들었고 현장에서도 교육과정을 통합적으로 재구성할 때 여러 교과의 활동을 연결하는 경향이 있다.

현장 선생님들과 소통하면서 알게 된 주제 중심의 활동 통합 사례 몇 가지를 살펴보면 다음과 같다. 학생들이 개미를 보고 신기해하는 것을 본 교사는 개미가 등장하는 이야기를 함께 읽고, 개미와 관련된 그림을 보고 노래를 부르는 수업을 하였다. 또 다른 교사는 학생들과 함께 운동장에서 보물찾기 미션을 주고 뜀틀 넘기, 줄넘기 10개 하기, 시 한 편 읽기, 리코더 불기라는 활동을 하였다. 최근에 들은 에피소드는 과학 시간에 강낭콩 기르기를 공부하면서 사회의 공동체 의식과 연결하기 위해서 강낭콩을 학교 텃밭에서 함께 기르고 수확한 콩으로 함께 떡을 만들어 먹었다는 이야기다.

분명 재미있는 수업이었을 것이다. 하지만 이 선생님들의 고민은 아이들이 이러한 활동을 하면서 혹은 활동을 마친 후에 무엇을 배웠는지, 그리고 배운 것을 가지고 현재 그리고 미래를 살아가면서 무엇을 할 수 있게 될 것인가 하는 질문에서 시작된다. 이제 학생의 입장에서 생각해 보자. 교사는 분명 교육적 의도를 가지고 수업을 설계하고 실행했는데 학생들은 교사의 의도를 알았을까? 여러 활동에 참여하면서 무엇을 배우고 있는지 활동을 하면서 어떠한 생각이 들었는지 자신의 생각이나 배움에 대해서 생각해 보았을까? 아니면 선생님이 하라고 하는 활동에 즐겁게 참여하면서 수업에 대한 좋은 기억만을 가지고 갈까?

이 책은 학교 현장에서 아이들과 즐겁게 수업하는 선생님들의 교육과정 통합이 잘못되었다고 말하거나 비판하려는 것이 아니다. 개별 교과를 학생의 흥미와 사회적 필요와 만나도록 하는 노력과, 교과는 학습자의 경험 속에서만 유의미하다는 관점에 적극적으로 동의한다. 다만, 이 책은 그것을 풀어내는 방식에 대해서는 다소 다른 접근을 취하는 교사들의 이야기를 담고 있다.

1부에서는 이 책의 저자들이 공유하는 교육과정 통합에 대한 관점을 설명한다. 2부에는 학생들의 이해, 즉 배운 것의 수행으로서의 이해 혹은 전이 능력으로서의 이해를 목표로 하는 교육과정 설계의 과정을 적용한 통합단원 개발 절차를 기술한다. 마지막 3~5부에서는 통합의 세 관점(다학문 통합, 간학문 통합, 초학문 통합)에 따라 수업을 설계하고 실천한 사례들을 제시한다. 현장에서 학생들 삶과 학습에 유의미한 변화를 만들어 가는 선생님들의 여정에 조금이나마 도움이 되기를 바라며 출판사 정광일 사장님과 편집에 힘써 준 직원분들께 감사의 인사를 전한다.

'경험'과 '성장'을 바라보는 통합교육과정

박대식(경기 왕남초 교장)

학교 교육 변화를 위한 거의 모든 실천의 내용은 이중적입니다. 활동 중심 수업, 학생과 배움 그리고 과정 중심의 수업과 평가, 자율화된 교육과정 운영 그리고 혁신 교육의 모습도 그러하고요. 통합교육과정에 대한 '교실'의 이해와 실천 역시 양면적입니다. 통합 본래의 목적과 함께 통합을 위한 통합 혹은 '교육자(만)의 교과'가 함께하는 모습입니다.

우리 학교 교육에서 목적과 변화의 '선언'만큼 목적과 변화를 지향하는 '실행'과 '사유'가 지속되어야 하는 이유입니다. 교육의 본질과 목적 그리고 실천의 이유를 '실행'과 '사유'와 함께 늘 기억하고, 지향하는 노력은 중요합니다. 실천의 이중성을 지양하고, 교육 본질을 살리는 행위이기 때문입니다. 『교실 속으로 간 이해중심 통합교육과정』은 그래서 의미 있고 또 소중합니다.

『교실 속으로 간 이해중심 통합교육과정』을 읽고 공부하며 몇 가지 질문을 풀어 갔습니다.

우리 '교실'을 바라보는 통합교육과정의 해법은 무엇일까?

통합교육과정이 이야기하고 풀어 가는 핵심질문은 무엇인가?

통합교육과정-역량-이해중심 교육과정의 관계는?

세 가지 방향으로 풀어 간 통합교육과정의 '교실'로의 적용 가능성은?

'경험'과 '성장'을 바라보는 통합교육과정, 이해중심 교육과정 그리고 역량의 고리를 '전이'로 설명하는 이 책의 이론적인 안내는, '교실'에서의 통합교육과정 실천을 완성하고 있습니다. 가끔은 학교 교육에서 지식에 대한 홀대가 못내 아쉽습니다. 지식과 기능 그리고 태도라는 학습 프레임의 불균형을 불러일으키기도 하고요. 죽은 지식, 살아 있는 지식을 구분하며 전이와 역량으로 풀어 가는 글들은 가슴 한편을 뚫는 시원함마저 전달하고 있습니다.

다학문, 간학문, 초(탈)학문적 접근의 통합교육과정 설계의 부분에는 특히 '교실' 속 선생님들의 깊은 고민, 이것을 풀어 가는 교육과정 설계로의 이야기가 잘 담겨 있습니다. 추상화, 기능화, 구조화된 방법과 지식 이전에 교사의 고민과 사유가 함께하는 모습이 통합교육과정의 필요와 실천을 더욱 강조하고 있습니다.

이론과 실천, 교육과 학교, 대학과 '교실'이 이어지는 이 책의 '아우라'는 모두가 교육의 주체임을 밝히고 있으며, 교육을 위한 올바른 연대의 본으로 기능하고 있습니다.

'교실 속으로 간 이해중심 통합교육과정'을 계속 이어 가길 기대합니다.

연결이 학교를 바꾼다

정기효(경북교육청 정책혁신과 장학사)

내심 기다리고 있었던 모양이다. 『교실 속으로 간 이해중심 교육과정』 두 번째 이야기가 전해져 왔을 때 오래 바라던 편지를 받아 든 것처럼 반가웠다. 단숨에 읽어 내려 마지막 장을 넘기는 순간 저자들이 2편을 엮기까지 가져왔을 수업과 토론의 장면이 그려졌고 부러움과 함께 존경심이 들었다. 그리고 책 전체를 관통하며 흐르는 하나의 단어로 '연결'이 잔상처럼 남았다.

첫째, 수업의 연결이다. 저자들은 오랜 기간을 꾸준하게 서로의 수업을 이어 왔다. 학습공동체가 학교문화로 자리 잡았다지만 이토록 켜켜이 쌓아 가며 학습을 공유하는 일은 쉽지만은 않다. 아마도 저자들은 책을 엮기 위해 시작한 공부가 아니었을 것이다. 서로 수업을 나누고 생각을 보태는 과정을 거치며 배움이 단단해져 가고 그러한 학습의 결과물로서 자연히 책이 묶어졌을 것이다. 더구나 이 책은 대학과 학교 현장의 연결이라는 또 하나의 가치로운 지점이 있다. 대학의 연구와 학교의 실천이 선순환을 만들고 있는 모습은 대학의 역할에 대한 좋은 사례가 될 수 있다. 연구자와 실천자, 수업과 수업의 경계를 넘나드는 저자들의 모습은 그들이 추구하는 학습의 '시너지'와 닮아 있다.

둘째, 교과와 교과의 연결이다. 학교는 주로 교과를 가르치지만 학생들의 삶은 교과로 환원되지 않는다. 교과서와 학생들의 삶을 이어주기 위한 노력이 책 곳곳에 들어 있다. 저자들은 여러 교과가 공통의 개념이나 빅 아이디어로 드나들 수 있는 통로를 만들고자 시도한다. 이들이 생각하는 '조각'은 전체의 일부로 떨어져 나온 조각이 아니다. 그러니 조각들이 모여서 초월적이고 절대적으로 완성되길 바라는 전체를 미리 상정해 두지 않는다. 조각들이 모이고 결합되는 맥락에 따라 새로운 완성체를 생성해 내는 수업을 꿈꾼다. 그 사유와 실천을 밀고 나가면 '통합'이라는 개념에 이르게 된다.

셋째, 이미 알고 있는 것과 새롭게 할 수 있어야 하는 것 사이의 연결이다. 저자들은 수업에서 모든 학생이 똑같은 경로를 거치고 같은 결과에 이르기를 기대하지 않는다. 오히려 아이들은 각각의 취향과 특성을 가지고 학습에 모였다면 그들이 그리는 배움의 선은 각자의 서사에 덧대어져 제각각의 모습으로 펼쳐 낸다. 주어진 경로가 아니라 스스로 길을 만들어 가는 경험이 쌓일수록 낯선 상황을 당당하게 마주할 수 있다. 문제를 규정할 수 있고 해결책을 모색하는 일을 두려워하지 않게 된다. 더러 실패하더라도 자신의 앎을 보완하는 힘이 될 것이다. 저자들은 학생들의 배움이 '전이'에 닿을 수 있는 수업을 추구하고 있다.

앞으로 이어지길 바라는 것은 책과 독자들의 연결이다. 여기에 담긴 생각들이 더 많은 선생님들과 만남을 통해 논의의 장을 열고 다양한 실천이 펼쳐지길 기대한다. 이러한 연결이야말로 학생과 교사의 성장을 뒷받침하고 학교를 바꾸어 나가는 출발점이 될 것이다.

조윤정(경기도교육연구원 연구위원)

'다양한 학문적 영역을 관통하는 핵심개념을 중심으로 어떻게 교육과정을 재구성하고 통합할 것인가?' '삶 속에서 떠오르는 탐구주제를 어떻게 교육과정과 연결시키면서 앎과 삶을 통합할 것인가?'의 문제는 좋은 교육을 실천하고자 하는 교사들이 늘 고민하는 주제이다. 이 책은 이러한 주제를 어떻게 체계적으로 다룰 것인지를 친절하게 설명해 준다. 저자들이 제시하는 이해중심 통합단원 설계 단계를 따라가다 보면 누구든지 실천할 수 있다는 자신감을 심어 준다는 것도 이 책의 강점이다. 코로나19의 끝이 보이는 봄날, 이해중심 통합교육과정을 통해 아이들이 의미 있게 배우고 삶 속에서 풍부한 역량을 함양할 수 있기를 기대해 본다.

이기화(대구 침산초 교감)

배운 것의 수행으로서의 이해를 목표로 교실 속으로 들어간 그들이, 교실 속으로 한 발자국 더 들어갔다. 이번엔 '통합'을 단단히 챙겨들었다. 이해중심 통합교육과정!

수년간 공동체의 힘을 탄탄히 유지하며 몰려다니는 그들은 이 책을 통해 학습의 전이를 목표로 하는 통합교육과정의 다양한 방법적 접근들-다학문적, 간학문적, 초(탈)학문적-을 소개하고 설계 절차를 안내하였으며, 각각의 접근들에 대한 실제적 설계안과 실천 모습까지 소상히 전해 주고 있다.

이 책은, 학교 현장에서 역량 교육에 힘 쏟고 계신 선생님들이 교육과정 통합 혹은 통합교육과정에 대해 깊이 있는 이해를 이루어 수업이라는 지점에서 수행으로 드러낼 수 있도록 하는 데 무겁지 않은 자료가 될 것이다.

교실 속으로의 여정을 멈추지 않는 그들이 있어 학생도 학부모도 선생님도 참 다행이다.

임재일(교육과정디자인연구소 소장, 서원초 교사)

이 책은 이해중심 통합단원 설계 과정을 면밀히 해체시켜 교육과정 도해의 탐험과 여정을 경험하게 하는 전문적인 서적이다. 교실 속으로 간 이해중심 통합교육과정은 이론과 실제가 어떻게 연결되는지 쉽고 친절하게 안내하고 있으며, 이론에 대한 납득과 교실 현장에 대한 공감이 가득하다. 무엇보다 이 책은 학생들의 경험의 성장을 가능하게 해 주는 실질적인 통합교육과정 팁을 선사해 주고 있으며, 학생이 처한 상황에서 경험을 통한 '이해'의 함의를 등대처럼 비추어 주고 있다. 이해중심 통합교육과정을 공부하고 싶은 분, 특히 현장에서 학생의 배움과 성장에 갈급함이 있는 분에게 이 책을 적극 추천한다.

차례

1부

이해중심 통합교육과정
개발을 위한
개념적 기초

1.
왜 교육과정 통합인가?

교육 목표와 학습에 대한 고찰

교육과정 통합 혹은 통합교육과정은 기존의 분과적 형태의 교육과정에 대한 대안으로 여겨지며 학교 교육과정 재구성의 대표적인 방식으로 인식되고 있다. 하지만 교육과정 통합이라는 행위 혹은 그 산물인 통합교육과정은 어떤 교과와 어떤 교과를 엮을 것인가의 문제가 아니라 학교 교육의 궁극적인 목표가 무엇인가에 대한 고민과 관련된다.

교육이 개인의 성장과 사회 발전에 기여해야 한다는 목표는 공교육이 시작된 이래로 지속되어 온 목표라고 할 수 있다. 이는 학교 교육과 개인의 관계, 개인과 개인의 관계, 개인과 사회의 관계에 대해서도 생각해 보게 한다. 통합교육과정은 진보주의 시대에 교과와 삶이 분리되는 현상에 대한 비판 속에서 주목받기 시작했다. 우리는 전통적으로 학습을 교과를 배우는 것과 동일시해 왔다. 교과를 배우는 이유

혹은 가치에 대해서 논의하기 전에 학습이란 무엇인지 어떠한 과정을 거치는지 고찰해 볼 필요가 있다.

이를 위해서 듀이Dewey의 아이디어에 잠깐 주목해 보자. 그는 교육을 학습자 경험의 성장이라고 보았다. 역량 교육을 듀이의 아이디어와 결합해서 생각해 보자. 듀이에 따르면 인간은 경험을 통해 지적, 도덕적, 정서적으로 성장하며, 현재의 가치 있고 의미 있는 경험은 미래의 삶을 위한 준비가 된다고 말한다. 그는 인간은 경험을 통해 의미를 구성하며 그것은 총체적인 지식으로 전환된다는 상호작용의 원리와 이전 경험은 후속 경험으로 계속해서 이어진다는 계속성의 원리를 통해 경험을 설명한다.

먼저 상호작용의 원리를 살펴보자. 상호작용은 '상황' 속에서 발생한다. 존재는 새로운 사물이 포함된 새로운 상황을 경험하며, 새로운 상황이라는 것은 새로운 사물 그 자체만이 아니라 경험의 주체가 가지고 있는 과거 경험까지 포함된다.윤영순, 2009: 36 상황 속에서 발생하는 존재의 능동적인 상호작용은 인간 내부에서 발생하는 의미 구성의 과정이며Rodgers, 2002, 다른 상황과 맥락에 반응하는 인간의 지적이며 정서적인 태도가 형성되는 과정이다.Dewey, 1938 의미를 구성하고 그것을 새로운 상황에 적용하는 과정에서 인간의 지식, 기능, 태도 및 가치는 낱낱으로 활용되는 것이 아니라 인간이 가지고 있는 통합된 능력이 총체적으로 참여하는 것이다. 특정한 기능을 습득할 때, 사물을 인식할 때조차도 우리가 가진 능력 전체가 작용한다.

계속성의 원리란 모든 경험은 그것에 선행하는 경험들로부터 무엇인가를 받아들이며, 동시에 그것에 후속하는 경험의 특질을 어떤 방식으로 변화시키는 것을 뜻한다. 하나의 경험을 통해 구성된 총체적 지식은 사라지지 않고 뒤따르는 다른 경험을 효과적으로 이해하고 다루는 데 활용되는 도구로 작용하기 때문이다. 또한 경험을 통해 개인이 얻게 되는 태도나 가치는 다음 경험에 지속적인 영향을 준다. 가령 경험이 개인의 호기심을 유발하고 상황을 주도하는 능력을 신장하게 하였다면 이어지는 경험을 회피하기보다는 적극적으로 참여하려는 의지를 보일 것이다.Dewey, 1938 경험의 계속성에 비추어 볼 때 학습자가 지닌 통합된 능력을 발휘할 수 있는 학습경험은 단 한 번의 제공에 그쳐서는 안 된다. 한 학년 내에서 이전 학습경험과 관련한 또 다른 경험이 유기적으로 이어져야 하며, 다음 학년에서도 깊이를 달리하여 계속되어야 한다. 그리고 경험을 통해 학습자가 교육적인 가치와 태도를 가질 수 있도록 가치와 태도를 배우는 기회를 제공해야 한다.

역량 교육에서 교육과정 설계의 강조점[1]

역량은 변화하는 상황에 따라 자신이 가진 지식, 기능, 가치 및 태도를 복합적으로 활용하여 새로운 앎을 구성해 나가는 능력이므로, 역량 교육에서 학습자는 지식을 수동적으로 받아들이는 존재가 아니

---

1. 『윤지영, 온정덕(2016). 역량의 총체성에 따른 교육과정 설계 방향 탐색. 교육과정 연구. 34(2)』의 내용을 부분석으로 발췌하였음.

라 적극적으로 만들어 가는 존재이다. 즉, 학습자가 고정불변의 '무엇'을 습득하는 것이 아니라 지식을 '어떻게' 탐구해 나가는지를 배우는 데 초점이 있으므로, 이는 듀이의 지식관에 맞닿아 있다고 볼 수 있다.소경희, 2012 교육의 목적이 지식을 전달하는 데 있는 것이 아니라 자신의 삶 속에서 발휘할 수 있는 수행 능력을 길러 주는 데 있기에 듀이가 말하는 학습경험의 성장과도 일맥상통한다고 볼 수 있다.

앞서 듀이의 경험 이론에서 살펴보았듯이 학습자의 경험은 의미를 구성해 나가는 상호작용과 다양한 상황들이 계속해서 발생하여 이전 경험이 다음 경험에 영향을 미치는 계속성이 씨줄과 날줄로 얽혀 있는 것이다. 환경과의 상호작용을 통해 의미를 만들어 가는 과정인 '경험'은 과거의 경험을 새로운 상황에 적용하여 새로운 의미를 만들어 내는 역량의 수행과정이며, 경험을 통해 새롭게 구성된 총체적인 형태의 결과는 습득한 역량이다. 계속되는 경험에서 상호작용을 통해 역량을 발휘하며, 경험을 통해 얻은 총체적인 결과는 학습자의 역량으로 남게 되어 학습자는 지속적인 성장과 발달을 이루어 나가게 된다.

역량 발달의 과정을 듀이가 말하는 경험의 성장으로 본다고 하여 교과의 중요성을 간과하는 것은 아니다. 듀이는 교과가 '교육자의 교과'와 '학습자의 교과'라는 두 측면을 가지고 있다고 보았으며, 전자는 교과의 논리적 측면을 의미하고 후자는 심리적 차원을 의미한다. 교육자의 교과는 인간의 경험을 체계적인 방식으로 추상화시켜 놓은 결과적 성격을 띤다. 반면에 학습자의 교과는 학습자의 경험 안에서 통합되어 발달하는 과정의 성격을 띤다. 교과는 학습자의 마음과 별개로 존재하는 것이 아니라 학습자 현재의 삶에 영향을 미치고 학습자의 경험 안으로 통합되어 성장한다. 듀이에 따르면 교과는 앎의 대상이면서 학습자가 어떤 상황 속에서 기능을 수행하고 자극에 반응하는 능력을 발달시켜 나가는 데 유용한 참조의 틀이 된다.Dewey, 1916 즉 교과와 학습자의 경험은 연속선상에 위치하며 교과를 학습한다는 것은 '경험이 점진적으로 재구성'되는 과정이다.

듀이의 교과론에 비추어 무엇을 어떻게 가르쳐야 할 것인지를 살펴보면, 지식은 완결된 결과물 자체로 전달되기보다는 학생들의 삶이나 경험과 관련지어 제시되어야 한다. 교과와 관련되면서도 학생들이 사고 할 수 있는 현실 자료는 학생들을 생각하게 만든다. 학생은 자기 주변에서 접할 수 있는 현실을 관찰함으로써 주어진 것, 드러난 것, 확정된 것이 무엇인지 알아낸다. 주어진 자료의 관찰과 분석은 학생이 추정, 추론 등의 사고를 할 수 있도록 이끈다. 이들 사고는 잠정적 설명, 가정이라는 새로운 해결 방법 또는 지식을 만들어 내는데 학생이 겪는 사고과정은 저명한 사람들이 만들어 내는 발견, 새로운 지식, 발명의 과정과 다르지 않다. 가령 뉴턴의 아이디어는 이미 모두가 알고 있는 자료를 이용하여 기존과는 다른 용도에 사용하는 사고과정을 거친 결과인 것이다.Dewey, 1916

교사는 교과의 지식을 다루지만, 그것을 학생들이 기억하는 데 그치지 않고, 다양한 사고기능을 이용하여 교과의 지식과 현재 삶의 연결고리를 찾고 삶에서 부딪힐 수 있는 문제를 해결하는 지식을 만들어 낼 수 있도록 학생의 삶과 관련이 있는 경험을 제공해야 한다. 이

경험은 추상화된 교과를 충분히 이해할 수 있는 교사의 입장에서 만들어져서는 안 된다. 교사는 교과의 내용을 학생의 일상적인 삶의 내용으로 가져가서 삶에서 교과에 해당하는 직접적이고 생생한 경험을 할 수 있도록 해야 하며, 교사의 이 작업을 통해 학생들은 교과를 자신의 삶과 관련된 방식으로 학습해 나갈 수 있다.Dewey, 1916

그러나 이러한 학습의 과정에는 지식과 기능만 있는 것은 아니다. 홍은숙1999은 교과는 가르쳐야 할 지식과 기능뿐만 아니라 내재적 가치를 담고 있다고 말한다. 맥킨타이어의 사회적 인간 활동에 대한 고찰을 통해 교과의 내재적 가치란 '교과 활동 안에 들어 있는 가치, 즉 그 활동을 하지 않고는 얻을 수 없는 가치, 그 활동을 통해서만 경험되고 실현되며, 그 활동에 참여한 사람만이 판단할 수 있는 가치'임을 밝히고 있다.홍은숙, 1999: 190 학생이 교과를 학습하는 과정은 여러 가지 태도와 기술, 정서, 덕, 판단력 등의 인격적 특성이 길러지는 과정이다.Stocker, 1980; 홍은숙, 1999: 189 재인용

역량은 경험이 일어난 그 상황에서 학습된 후 사라지거나 그 상태에서 머무르는 것이 아니라 앞으로 맞닥뜨릴 새로운 상황이나 문제에서 유용하게 적용할 수 있는 능력이다. 라이헨과 살가닉Rychen & Salganik, 2003은 이와 같은 역량의 성격을 전이transfer라는 용어로 표현한다. 전이는 이전 경험으로부터 새로운 능력을 획득하거나 새로운 상황에서 요구되는 것을 성공적으로 수행하는 것과 관련된다.Rychen & Salganik, 2003: 47 따라서 학생의 역량 개발을 목표로 할 때 가르쳐야 할 지식은 구체적으로 상세화된 내용보다는 개인이 살아가는 삶 속에서

다양한 경험을 통해 구성하고 발전시켜 나갈 수 있는 생성적인 성격을 띠어야 한다.

위긴스와 맥타이Wiggins & McTighe, 2005는 학습 내용의 우선순위를 설명하며 일반화를 핵심에 놓는다. 일반화는 사실이나 정보, 개념을 아우르는 가장 근본적인 지식의 형태로 학습자들이 개별적인 사실이나 정보를 잊어버린 후에도 기억하며 시간과 공간을 가로질러 전이될 수 있기에 '영속적 이해'라는 용어로도 설명된다. 일반화는 특정 속성에 따라 개별 사실들을 묶어 구조화한 '개념' 또는 비슷한 개념들을 묶은 '빅 아이디어'를 명제화한 진술문으로, 교사는 이들의 관계를 알고 학습자들이 주변의 사실이나 정보로부터 일반화에 도달할 수 있도록 학습경험을 구성해야 한다. 따라서 역량을 기르기 위한 교육에서는 교과의 기본적인 원리인 일반화와 개념이 무엇인지 교사에게 안내해야 한다. 이를 통해 교사는 일반화와 개념을 중심으로 학습자의 삶과 관련된 사실이나 정보를 학습자 활동 내용에 구성하고 학습자는 그러한 활동을 통해 일반화를 만들어 낼 수 있어야 한다.

이처럼 구체적인 사실이나 정보에서 전이가 높은 지식이 되기 위해서는 사고기능과 탐구과정이 활발하게 관여된다. 드레이크와 번스Drake & Burns, 2004는 기능을 크게 세 범주로 나누어 제시한다. 첫 번째는 낮은 수준의 기능이다. 낮은 수준의 기능은 지식을 열거, 회상, 확인, 기술하는 것으로 이 기능을 수행하는 학습자는 지식의 소비자가 된다. 두 번째는 복합적 수행 기능으로 높은 수준의 기능에 해당한다. 하나 이상의 교과 영역에서 나타나며 실생활 맥락에서 유용한 것으로 복잡한 수행을 요구하며 학습자는 지식의 생산자가 된다. 복합적인 수행 기능에 포함되는 것으로는 정보관리, 연구, 비판적 사고, 의사소통, 문제해결과 같은 기능이 있다. 마지막 범주는 이 두 단계의 사이에 존재하는 것이 특정 학문 분야의 기능이다. 이 기능은 특정한 학문 내용과 결부된 것으로서 낮은 수준의 기능과 복합적 수행 기능 모두 가능하며, 교과 고유의 사고 및 탐구기능을 의미한다.

마르자노Marzano와 동료들[1988]도 지식을 습득하는 데 활용하는 기능을 사고기능과 사고과정으로 제시한다. 사고과정은 지식을 습득하고, 적용하거나 산출물을 만들어 내는 데 필수적인 도구로 문제해결, 의사결정, 개념 형성, 원리 형성과 같은 것이다. 사고기능은 사고과정의 하위 요소로 사고과정에 복합적으로 활용되며, 정보 수집 기능, 내용을 기억하고 인출하는 기능, 비교, 분석, 추론 등의 기능이 있다. 지식을 습득하고 재구성하며 새로운 지식을 만드는 사고과정은 사고기능의 복합적인 활동으로 이루어지므로 학생은 사고기능을 충분히 연습해야 하고 이를 바탕으로 문제해결과 같은 사고과정을 활용할 수 있어야 한다.

마지막으로 학생의 학습경험에 포함되어야 할 것은 경험을 통해 학습자가 깨달아야 할 가치와 태도다. 가치와 태도는 지식 그 자체로 전수되기보다는 직접 경험함으로써 얻을 수 있으며 경험 속에서 얻게 된 가치와 태도는 앞으로 학습자가 겪게 될 다양한 상황 속에서 행동으로 나타나게 된다. 듀이의 경험의 계속성 원리에서 언급했듯이, 하나의 경험 속에서 획득한 태도는 다음 경험에도 연속적으로 적용되어 학습자를 움직이는 동인이 된다. 그러므로 학습자의 경험에 반영되어야 할 가치와 태도는 여러 가지 상황을 맞닥뜨리며 삶을 살아갈 개인에게 요구되는 것들이며, 이는 그 자체로 다루어지기보다는 지식을 추구하는 경험을 통해 학습자에게 내면화될 수 있다.

2.
어떻게 통합할 것인가?

학습의 전이를 목표로 하는 교육과정 설계

통합교육과정 또한 역량 교육의 강조점인 학습의 전이를 추구한다. 통합교육과정은 기존의 학교 교육이 교과 중심으로 분절화됨에 따라 학생들의 학습이 그들의 개인적, 사회적 상황과 유리되고 현재와 미래의 일상생활에서 부딪치는 문제들을 해결하는 능력을 길러 주지 못했다는 비판의식에서 비롯되었다. 이에 1920년대의 프로젝트 방법, 1930년대의 중핵 교육과정, 1940년대와 1950년대의 문제-중심 교육과정과 수업 등 많은 방법적 접근들이 개발되고 실천되어 왔다.Wraga, 1997; Drake, 2007

이와 같은 다양한 방법적 접근들이 공통으로 추구하는 교육적 의도는 학생들이 삶의 다양한 정보와 문제를 상호관련성 속에서 파악하고 실생활 문제를 해결할 수 있도록 하는 것이다. 김경자2010는 통합교육과정 개발에 대한 다양한 접근 방식들을 크게 아동중심 통합교육과정과 학문중심 통합교육과정의 관점으로 유형화한다. 아동중심 관점에서의 학습은 학생 개인의 문제와 사회적 관심을 다루는 것에 중점을 두고 이를 통해 실생활에의 전이를 도모한다. 반면 학문중심 관점에서는 교과가 인식론적이고 사회적인 요소를 동시에 갖고 있으므로 교과에 대한 이해를 통해서 삶의 실제 문제를 해결할 수 있다고 본다.

즉, 통합교육과정을 어떠한 관점에서 바라보고 접근하든지 간에 이것이 궁극적으로 추구하는 목표는 학습의 전이를 도모하는 데 있다. 학교에서 가르치고자 하는 교과가 학습자의 경험 또는 학문이 되든 간에, 학습자들이 교과 간의 내용을 서로 관련지어 자기 경험과 통합하고 이를 통해 새로운 산출물을 만들어 내어 실생활의 문제를 더 잘 해결하도록 하는 데 있다.

이러한 교육적 의도는 이해중심 교육과정 설계를 통해 구현될 수 있다. 위긴스와 맥타이Wiggins & McTighe, 1998는 활동 중심 수업이나 진도 빼기 수업을 비판하면서 21세기에 요구되는 능력은 학습자가 핵심 개념과 원리를 습득하여 여러 다양한 상황에 적용하고 문제를 해결할 수 있는 학습의 전이임을 강조한다. 이들이 제시한 백워드 설계는 개별 교과뿐 아니라 드레이크의 저서들을 통해서 통합교육과정 설계를 위한 모형으로도 사용되고 있다.

이해중심 교육과정에서의 '이해'는 학습자들이 새로운 지식을 기존의 지식과 관련지어 파악하여 일반화나 원리를 구성한 것을 의미한다. 그리고 학습자들이 그 일반화나 원리를 다른 맥락과 상황 속에서 적용하여 문제를 해결할 수 있을 때 이해했다고 본다. 이해를 위한 수업의 지지자들은 이해를 창의적 수행 능력으로 정의 내리고 학생들이 아는 것을 자유자재로 유연하게 사고하고 문제해결의 결과물을 만들어 내거나 수행을 통해 드러난다고 본다. 그리고 이 수행은 학생들에게 암기한 것을 회상하는 것을 넘어서서 새로운 확장자를 가지고 새로운 상황에 적용하게 하는 것이다.Perrone, 1998

'이해'라는 것을 학습자가 지식을 상호관련성 속에서 파악하고 이렇게 습득한 지식을 새로운 상황에 적용하여 새로운 방식으로 결과물을 산출하는 것으로 의미한다고 볼 때, 이것이 통합교육과정과 어떠한 관련성이 있는지를 살펴볼 필요가 있다. 통합교육과정은 교과통합, 주제중심 통합과 같이 종종 함께 사용되지만, 그와 동일어가 아니다. 오히려 학생들이 통합적으로 사고할 수 있도록 교육과정을 어떠한 방식으로 설계하고 이것을 어떻게 수업을 통해 실현할 것인가에 관심을 가지는 교육과정의 영역으로 바라보아야 한다.

에릭슨Erickson, 2003은 통합을 새로운 지식을 기존의 지식과 관련짓는, 그리고 구체적인 사실들을 전이 가능한 보다 깊은 이해, 즉 일반화나 원리와 관련짓는 정신적인 활동으로 보았다. 이러한 사고의 통합은 깊은 이해와 지식 및 학습의 전이를 지원하기 위해서 학문 기반의 맥락 속에서 이루어질 수도 있고 간학문적 맥락 속에서도 이루어질 수 있다. 그래서 우리는 여러 교과를 어떻게 통합시킬 것인가를 묻기보다는 사고의 효과적인 통합을 돕기 위해서 어떻게 교육과정을 설계할 것인가를 생각해 보아야 한다.

이해중심 교육과정 통합의 접근: 다학문, 간학문, 초(탈)학문[2]

앞서 기술한 대로 최근의 교육과정 통합과 관련된 논의는 학습자들이 여러 교과의 지식과 기능을 서로 관련지어 습득하고 이를 적용할 수 있도록 하는 데 초점이 맞추어진다. 통합적으로 사고할 수 있도록 교육과정을 어떠한 방식으로 설계하고 이것을 어떻게 수업을 통해 실현할 것인가에 관심을 가진다.

드레이크[Drake, 2007: 42]는 다음과 같이 통합교육과정이 네 가지 접근을 취할 수 있음을 말하면서, 교육과정 재구성은 다학문, 간학문, 초(탈)학문의 접근에서 일어난다고 본다. 그는 각 접근은 통합의 정도에 따라서 구분이 되지만, 어떠한 접근을 취하건 간에 교육과정(기준)에 기반해야 하며 책무성의 요구를 충족해야 한다고 하면서 교육내용의 엄격성을 강조한다. 각 접근 방식은 어느 것의 우월함을 나타내지 않으며 단지 그 의도와 교육과정 개발의 방식이 다른 것이다. 하지

통합의 네 가지 접근

퓨전 (fusion)	다학문 (multi-disciplinary)	간학문 (inter-disciplinary)	초학문 (transdisciplinary)
각 교과의 틀은 유지되고 특정 주제가 모든 학교생활과 교과에 녹아들게 함	각 교과 내의 학문 기반 개념과 기능들이 타 교과와의 관련성 속에서 보다 잘 학습하게 됨	여러 교과들에 공통적으로 적용되는 간학문적 개념과 기능들이 강조됨	실생활 맥락의 문제와 학생들의 탐구질문들로부터 교육과정이 생성됨

---

2. 『김경자, 온정덕, 이경진(2019) 역량함양을 위한 교육과정 설계: 이해를 위한 수업 교육아카데미』 6장의 내용을 부분적으로 발췌하여 재구성하였음.

만 드레이크는 공통적으로 교육과정을 개발할 때는 앞장에서 진술한 백워드 설계의 방식을 따를 것을 강조한다. 학습의 과정에서는 수행 performance을 강조하고 실생활과의 관련성을 통한 학습자에의 적절성을 도모한다. 그리고 평가에서는 학습을 유도하고 도와주는 평가 방법을 사용할 것을 제안한다.

각 접근을 간단하게 살펴보면 다음과 같다. 첫 번째는 퓨전 접근이며, 이는 교과의 틀을 거의 그대로 유지하면서 특정 중심 조직자가 여러 교과에 스며들게 하는 방식이다. 예를 들어, 학교에서 '환경보전'이라는 중심 조직자를 결정하였다면, 원래 가르치고자 계획했던 내용의 틀은 유지하면서 환경보전과 관련된 내용을 더하거나 강조하는 방식이다. 학교 내 행사나 교과 외 활동을 계획할 때도 환경보전이라는 주제와 관련된 것을 선택하여 학생들의 모든 학교 경험에 그 중심 조직자가 스며들게 하지만, 분과적 교과의 틀은 그대로 유지된다.

두 번째는 다학문적 접근으로, 특정 중심 조직자들을 다양한 교과의 렌즈를 통해서 바라볼 수 있도록 조직하는 방식이다. 한 교사가 두 개 이상의 교과를 가르칠 때 각 교과의 내용 체계를 확인한 다음, 특정 중심 조직자를 선정하여 여러 교과의 내용을 상호 관련시킨다. 이때 교과 간의 경계가 허물어지지 않으면서도 학습자들은 한 교과에서 배운 내용을 다른 교과에서 배운 내용과 연결 짓게 된다. 예를 들어 환경보전이라는 주제에 대해서 학습할 때 여러 명의 교사가 각기 다른 교과를 가르칠 때는 함께 모여 자신이 가르치고 있는 교과의 내용이 환경보전이라는 공통의 중심 조직자에 의해서 연결될 수 있는지 혹은 이미 정해진 중심 조직자를 중심으로 어떻게 재조직할 것인가를 상의한다. 그리고 환경보전을 중심으로 교과의 내용을 통합하는 것이다. 각 교과에서 환경보전을 각각 학습했다고 할지라도 결과적으로 학생들은 환경보전과 관련된 교과의 내용을 학습하게 되고 환경보전에 대한 통합적 이해를 갖게 된다. 이러한 접근의 성공적 실행을 위해서는 각 교과가 학문적 지식과 기능으로 구성되어 있음이 전제된다. 그렇지 않으면 공통의 중심 조직자가 각 교과의 지식 및 기능과 어떻게 관련되는지, 다른 교과의 내용과 어떻게 연결되는지를 확인하기 어렵기 때문이다.

세 번째는 간학문적 접근으로, 교과 간의 공통된 연결고리를 찾아내어 그것을 중심으로 기존의 교과들을 재구성하는 방법이다. 이 접근에서 교사들은 여러 교과를 연결하게 하는 간학문적 중심 조직자를 선택한다. 교과 내의 학문적 개념들뿐 아니라 여러 학문 영역에 적용될 수 있는 간학문적인 개념과 일반화를 포함한다. 적용 범위가 더 넓은 간학문적 개념들을 찾아내어 여러 교과의 내용을 결합하기도 하고, 비판적 사고기능과 같은 사고기능이나 특정 탐구기능을 공통분모로 하여 여러 교과의 지식과 기능을 재조직하기도 한다. 여러 교과의 내용을 결합할 수 있는 간학문적 개념은 지속가능성, 균형, 원인/결과, 변화/연속성, 질서, 순환, 갈등/협력, 체제, 상호연결/상호의존, 다양성 등이 있다. 간학문적 기능으로는 문제해결, 비판적 사고, 창의적 사고 등이 있다. 간학문적 접근에서는 이러한 간학문적 개념이나 기능을 중심으로 교과를 통합하기 때문에 교과 간의 경계가 허물어지면서 통합단원의 형태가 생겨날 수 있다.

마지막은 교과의 경계를 초월하면서 주제가 실생활 맥락에서 주어지는 초학문적 접근이다. 초학문은 교과에서 벗어나거나 교과와 관련 없다는 것이 아니라 학문의 경계를 넘어선다는 의미이다. 이는 학생들이 관심을 보이는 주제나 문제, 혹은 사회적 쟁점 등을 분과적인 교과를 넘어서서 탐구하도록 하는 접근이다. 이때 실생활 맥락의 문제나 쟁점이 중심 조직자로 기능한다. 더 이상 특정 교과나 여러 개의 교과가 중심 조직자로 기능하지 않는다. 학생들은 특정 주제나 문제를 이해하고 해결해 나가는 데 필요한 지식과 기능을 실생활 맥락 속에서 습득하게 되고 이를 적용하여 문제를 해결한다.

예를 들어 환경보전이 이루어지지 않아 발생한 심각한 대기오염 문제를 어떻게 해결할 것인가를 중심으로 관련되는 교과의 내용을 학습하는 것이다. 여기서는 대기오염 문제의 해결에 초점이 맞춰진다. 통합교육과정 학자인 빈Beane, 1997은 현실 세계에 있는 빈곤, 차별, 폭력, 나의 정체성, 진로 등의 실제적인 논제와 쟁점을 중심에 놓고 구체적인 질문들을 할 수 있다고 했다. 학생들이 무엇에 흥미가 있는지를 넘어서서 그들이 염려하는 것이 무엇인지 물어보고 함께 탐구해야 한다. 따라서 어떤 학문적 내용과 기능이 혹은 간학문적 내용과 기능이 선택되는지는 학생들이 선택한 문제나 주제에 의존적이다.

이해중심 통합교육과정 설계하기[3]

앞서 기술하였듯이 드레이크Drake, 2007에 따르면 교육과정 재구성은 퓨전, 다학문, 간학문, 혹은 초학문적 접근을 취할 수 있다. 각 접근은 통합의 정도에 따라서 구분이 되지만 어떠한 접근을 취하건 간에 교육내용의 엄격성을 강조한다. 그리고 구체적인 설계 방식으로는 이해중심 교육과정의 백워드 설계를 따른다.

통합교육과정 접근 방법

각 접근의 차이점	
접근	의도
퓨전	각 교과의 틀은 유지되고 특정 주제가 모든 학교생활과 교과에 녹아들게 함
다학문	각 교과 내의 학문 기반 개념과 기능들이 타 교과와의 관련성 속에서 보다 잘 학습되게 함
간학문	여러 교과들에 공통적으로 적용되는 간학문적 개념과 기능들이 강조됨
초학문	실생활 맥락의 문제와 학생들의 탐구질문들로부터 교육과정이 생성됨
각 접근의 공통점	
퓨전	기준을 사용하여 백워드 설계로 맵핑하기 모범적인 교수/학습 전략들 가능한 학생들과 관련된 의미 있는 실생활 맥락에 놓기 표준화된 평가뿐 아니라 수행을 보여 주기
다학문	
간학문	
초학문	

출처: Drake(2007), p. 42.

---

3. 『김경자, 온정덕, 이경진(2019). 역량함양을 위한 교육과정 설계:이해를 위한 수업. 교육아카데미』 6장의 내용을 부분적으로 발췌, 재구성하였음.

드레이크는 각 접근의 내용 기반으로 KDB 모형을 가져온다. 백워드 설계의 1단계에서 학생들이 알고 할 수 있어야 할 중요한 교육내용 즉 기대하는 학습의 결과를 확인했듯이 KDB 모형에서는 학생들이 알아야 할 것을 K(know)로, 할 수 있어야 할 것으로 사고기능과 탐구기능을 D(do)로, 그들이 알아야 하고 할 수 있어야 하는 것과 관련된 태도나 신념을 갖춘 인간상을 B(be)로 설정한다.

드레이크는 먼저 통합교육과정을 통해 우리가 가르쳐야 할 가치 있는 지식(know)이 무엇인지에 주목하였다. 지식에는 구조가 있는데, 사실들이 모여 토픽을 이루고 이는 다시 학문적 개념으로, 학문적 개념은 큰 이해big understanding와 빅 아이디어big idea로, 빅 아이디어는 이론으로 이어지는 위계적 구조가 있다고 보았다. 여기서 빅 아이디어란 보편적 개념을 의미하는 것으로, 간학문적 학습에서 알아야 할 가장 중요한 것들로 폭넓고 추상적이고 학문과 문화를 초월한다. 예를 들면 균형, 체제, 의사소통, 상호작용, 연속성, 변화, 다양성 등이 빅 아이디어에 해당한다. 그리고 큰 이해는 빅 아이디어를 넘어서는 고차적 수준의 지식으로, 영속적 이해enduring understanding와 같은 의미로 사용된다.

그리고 지식과 기능(do)은 독립적으로 존재하는 것이 아니고, 기능은 학습자들이 지식의 위계 구조에서 상위 수준의 지식을 습득할 때 필요한 간학문적 과정이라 보았다. 기능을 중심으로 할 때 중요한 내용이 간과될 수 있다는 우려도 있지만, 중요한 내용을 학습하기 위해서는 기능이 필요하고 내용은 기능을 획득하기 위한 수단이며 기능이 내용의 획득을 위한 수단이 되기도 한다는 것이다. 예를 들어, 언어 과목이나 응용 기술 공학 등을 활용해서 자신들이 만든 산출물을 설계하고 창안하고 판매할 수도 있다. 또한 컴퓨터는 비판적 사고의 강화와 실험, 탐구, 문제해결, 상호학습, 그림, 작곡, 역할 놀이와 같은 다양한 교육 목적을 위해 활용되기도 한다.

이러한 기능은 인성(be)으로 수렴된다. 가치를 배제하고 어떤 일을 행할 수 없기 때문이다. 학생들이 글로벌 시민이 되기 위해서는 알아야 할 가치가 있는 내용 즉 '지식'과 복잡한 수행과 관련된 '기능'뿐 아니라 세상 사람들이 갖추기를 바라는 '인성'을 가져야 한다. 인성은 매우 중요하며 날마다 가르쳐지고 있지만, 그 중요성이 간과되어 왔다. 예를 들어 신뢰성, 정직성, 공동체에 관한 관심, 개인적·사회적 책임감, 사회를 위한 봉사 등은 교과 교육과정뿐 아니라 통합교육과정에서도 매우 중요하다.

드레이크는 지식, 기능, 인성이 서로 관련된다는 것을 그림과 같이 우산으로 표현하였다.

드레이크의 KDB 우산

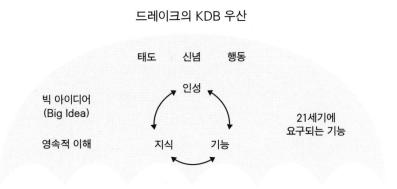

출처: Drake(2012), p. 31.

여기서 주목해야 할 것은 다학문적 접근을 취하든 간학문적 접근을 취하든 초학문적 접근을 취하든 간에 KDB는 교육과정 개발의 내용 기반으로 설정되어 있다는 것이다. 교사는 어떠한 접근을 취하건 간에 통합단원 계획 시 학문적 개념과 일반화 중에서 더 일반화 가능성이 크고 다른 교과에 적용될 수 있는 큰 개념과 큰 일반화를 파악하고, 21세기에 요구되는 기능으로 대표되는 일반적인 사고 및 탐구기능을 확인하고, 그 지식 및 기능과 관련된 태도와 신념을 바탕으로 한 학습자상 혹은 학습의 결과를 마음속에 그려야 한다.

다학문적 접근을 취하는 교사는 다음과 같이 특정 주제를 선정하고 그 주제에 대해 교과의 틀을 유지하면서 서로 다른 교과의 렌즈로 심도 있게 바라보는 방식으로 교육과정을 통합한다. 각기 다른 교과의 렌즈로 주제를 바라보는 것이기 때문에 그 교과의 핵심개념과 일반화 및 탐구기능을 가르치고, 교과 나름의 핵심질문을 만들고, 수행평가와 수업 활동은 개별 교과 내에서 이루어진다.

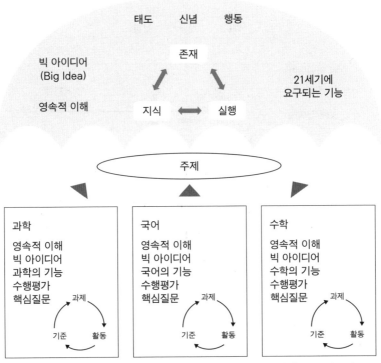

시작점: 개별 학문의 성취기준

출처: Drake(2012), p. 17.

다음으로, 간학문적 접근을 취할 때 교사는 여러 교과에 공통으로 적용되는 간학문적인 지식과 기능을 조직자로 하여 교육과정을 개발한다. 여러 교과를 하나의 전체로 삼아 가르치기 때문에 핵심질문의 선정과 수행(평가)과제 개발[4]이 교과별로 이루어지는 것이 아니라 여

---

4. 수행평가과제, 수행과제, 수행(평가)과제는 맥락에 따라 용어를 달리하여 제시하였다. 수행과제는 가장 포괄적인 용어로 수행이 교수·학습활동의 부분으로 이루어지는 경우, 수행평가과제는 수행과제가 평가과제로 사용되는 경우, 수행(평가)과제는 두 경우 모두 해당할 수 있는 경우에 사용하였다.

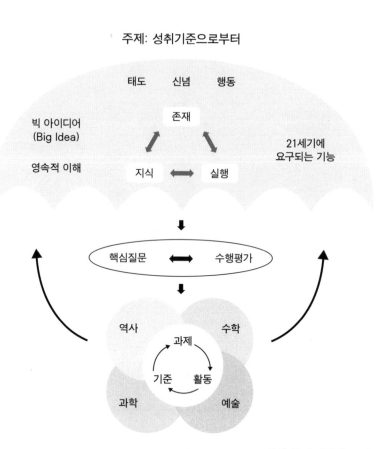

주제: 성취기준으로부터

태도　신념　행동

존재

빅 아이디어
(Big Idea)

21세기에
요구되는 기능

영속적 이해　　지식 ⟷ 실행

핵심질문 ⟷ 수행평가

역사　　　수학

과제

기준　활동

과학　　　예술

출처: Drake(2012), p. 19.

러 교과를 아우르는 하나의 전체로 설정된다.

　학생들은 간학문적 성격을 띠는 핵심질문에 대답하고 수행(평가)과
제를 완성할 때 여러 교과에 걸친 개념과 기능을 활용하여 문제를 해
결해야 한다. 위의 다학문적 접근에서는 한 교과의 수행(평가)과제를
잘 완성하는 것이 다른 교과의 수행(평가)과제를 완수하는 것을 보장

하지는 않는다. 하지만 간학문적 접근에서는 간학문적 성격의 핵심질문에 답하고 여러 교과에 걸친 개념과 기능을 활용해서 문제를 해결해야 하므로, 학생들은 관련된 타 교과의 학습 내용을 유연하게 활용하고 적용할 수 있어야 한다.

마지막으로 초학문적 접근을 취할 때도 내용 기반은 존재한다. 하지만 다학문적 접근이나 간학문적 접근의 경우와 달리 주제가 교과로부터 나오는 것이 아니라 실생활 문제나 이슈 혹은 학생들이 관심을 두는 것에서부터 나오기 때문에 설정된 문제나 이슈 혹은 학생들의 관심이 무엇인가에 따라서 어떠한 교과의 내용과 기능을 가져올 것인가

시작점: 현실 세계의 내용-학생의 질문

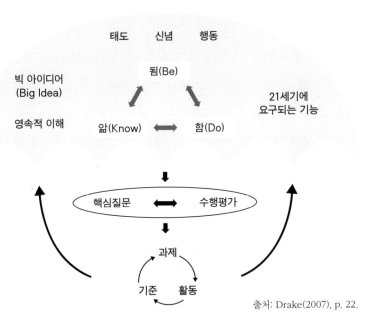

출처: Drake(2007), p. 22.

가 결정된다.

교사는 위 그림처럼 학생들과 함께 탐구하고 해결하고자 하는 핵심 질문을 함께 만들거나 학생들 개별적으로 핵심질문을 설정하게 할 수도 있다. 그리고 그러한 핵심질문에 답할 수 있음을 보여 주는, 즉 학습의 증거로서 수행(평가)과제를 완수할 수 있어야 한다. 학생들은 문제를 탐구하고 해결할 때 교과의 경계를 넘나들면서, 때로는 어떤 교과의 기능과 지식인지를 인식하지 못하는 상태로 지식과 기능을 습득하고 활용하는 것이지 학문적 지식을 배격하는 것이 아니다. 따라서 초학문적 접근 역시 지식과 기능, 인성을 모두 포함해야 한다.

이러한 과정을 구체적인 절차로 설명하면 다음과 같다.

첫째, 이해중심 통합단원 설계의 1단계에서는 교육과정 문서상의 성취기준 혹은 학습 목표들을 전체적으로 훑고 해체unpacking하여 교과들이 종적, 횡적으로 어떻게 연결되는지 살펴본다. 교육과정 문서를 전체적으로 살펴보면서 학습 내용의 구조와 순서 등을 파악하는 작업을 교육과정 도해라고 한다. 교육과정 도해를 통해 교육과정을 전체적으로 살펴보고 큰 그림을 그리면서 통합 가능한 교과를 분석한다. 이때 성취기준과 학습 목표, 내용을 수평적으로 그리고 수직적으로 스캔scan하면서 내용의 연결성을 분석한다. 그리고 무엇을 중심으로 통합할 것인지, 즉 통합의 중심을 파악하기 위해서 교과의 내용을 클러스터cluster 즉 묶기 작업을 한다. '중요한' 내용의 파악과 연결 과정을 거치지 않으면 자칫 여러 교과를 소재로 묶거나 활동으로 연결해서 재미는 있지만, 피상적인 학습을 낳을 수 있다.

스캔과 클러스터를 통해 교과 간에 걸치는 특정 주제나 개념과 기능, 원리가 수면 위로 떠오르면 그것을 통합의 중심으로 삼아, 주제나 개념과 기능, 원리를 중심으로 관련 교과 및 영역의 내용으로 탐색망을 그린다. 이러한 작업을 통해서 교사는 다학문으로 교과를 통합할 것인지 간학문으로 통합할 것인지 결정한다. 그다음, 탐색망에서 드러나는 교과 간의 상호 연결성을 고려하면서 여러 교과를 아우르는 지식과 기능 및 인성을 KDB로 추출하여 KDB 우산을 개발한다. KDB가 만들어지면 이에 비추어 핵심질문을 만든다.

둘째, 이해중심 통합단원 설계의 2단계에서는 수행(평가)과제를 계획한다. 이 수행(평가)과제는 여러 교과의 지식과 기능을 활용하여야만 완성할 수 있는 문제해결과제가 된다. 만약 교사가 간학문적 통합의 접근을 취했다면 수행(평가)과제는 여러 교과의 지식과 기능을 활용한 문제해결과제가 된다. 학생들은 특정 맥락 속에서 여러 교과의 학습 내용을 통합적으로 작용해서 문제를 해결하고 교사는 수행의 과정과 결과를 보고 학생들이 큰 이해에 도달했는지, 핵심질문에 나름의 답을 만들어 내었는지 확인할 수 있다. 수행(평가)과제는 1단계에서 추출한 KDB에 기반해야 하므로 채점기준(루브릭)은 KDB를 반영하게 된다. 그리고 백워드 설계의 2단계에 포함해야 할 수행평가 이외의 평가 방법과 자기평가 방법도 계획해야 한다.

셋째, 이해중심 통합단원 설계의 3단계에서는 수업의 각 차시에서 실행할 학습활동 즉 학생들의 학습경험을 계획한다. 학습경험을 계획할 때는 학습자의 특성을 적극적으로 고려하면서 다음과 같은 사항을 포함해야 한다. 첫째, 학생들이 주어지는 정보의 특징과 정보로부터 의미 있는 규칙성을 탐색할 수 있는 경험을 제공해야 한다. 교과 통합에서 통합의 중심으로 대개 교과를 관통하는 주제나 개념을 설정 혹은 추출할 수 있으므로 교과 통합적인 학습경험을 하는 것 자체가 규칙성을 탐색하도록 하는 것일 수도 있다.

둘째, 학생들이 문제해결에 적용될 수 있는 주요 원리 또는 법칙, 왜 이 법칙이 이 문제에 적용되는지에 대한 이유, 그리고 어떻게 적용되는가에 대한 방법을 탐색할 수 있는 학습경험을 제공하는 것이 필요하다. 이러한 탐구활동을 통해 통합의 중심으로 설정된 핵심개념과 원리, 아이디어를 중심으로 지식을 조직화할 수 있을 것이다.

셋째, 학생들이 간학문적으로 학습한 내용을 특정 과제 맥락에 적용해 볼 수 있는 학습경험을 제공하는 것이 필요하다. 간학문적인 학습 내용을 습득하는 것만큼이나 중요한 것은 특정 맥락에서 습득한 지식을 적용할 수 있는가이다. 따라서 학생들이 습득한 간학문적 지식을 적용해 볼 수 있도록 현실에서 일어날 수 있는 실제 문제를 제공하는 것이 바람직하다. 수행(평가)과제 개발에서 이러한 점들이 강조되지만 학습경험을 계획할 때도 이러한 점들을 강조해야 한다.

넷째, 학생들이 간학문적으로 학습한 내용을 유창하게 인출할 수 있도록 문제의 심층적 특징이 무엇인지를 파악하도록 교사가 안내해 주는 것이 필요하다. 간학문적으로 해결할 수 있는 문제 상황을 제시하다 보면 복잡한 상황과 내용들이 포함될 수밖에 없는데 학생들이 문제의 핵심을 파악하지 못한다면 성공적으로 문제를 해결하는 것은 불가능하다. 교사는 문제 상황을 접하는 것이 익숙하지 않은 학생들이 문제의 심층적 특징을 파악할 수 있도록 도와줌으로써 유사한 문제 상황에 대한 파악도 유도할 수 있을 것이다.

다섯째, 학생들이 자신의 학습을 점검하고 반성적으로 개선할 수 있는 학습경험을 제공해야 한다. 이는 이해를 위한 평가에서 자기평가 및 반성을 하도록 하는 것과도 관련되며 백워드 설계에서 학습경험을 계획할 때 사용하는 WHERETO의 R 즉 Rethink, Reflect, Revise하는 활동과도 관련된다. 교사는 학생들이 자신의 학습에 대해 다시 생각해 보고 반성하고 수정할 수 있는 학습경험을 계획하는 것이 바람직하다.

앞서 살펴본 바와 같이 다학문, 간학문, 초학문은 통합의 중심의 성격이 다르며 통합 방법에도 차이가 있다. 따라서 교과 통합의 유형별로 학생들의 학습활동을 창안하는 데에도 차이가 있다.

다학문적 접근은 특정 조직자들을 다양한 교과의 렌즈를 통해서 바라볼 수 있도록 구성하는 방식이다. 한 교사가 두 개 이상의 교과들을 가르칠 때 각 교과의 내용 체계를 확인하여 특정 주제, 예컨대 학교, 지역사회, 올림픽, 세계대전과 같은 구체적인 주제를 선정하여 여러 교과의 내용을 상호 관련시킨다. 이때 교과 간의 경계가 허물어지지 않으면서도 학습자들은 한 교과에서 배운 내용을 다른 교과에서 배운 내용과 연결 지을 수 있게 된다. 여러 교사가 각기 다른 교과를 가르칠 때는 함께 모여 자신들이 가르치고 있는 교과의 내용이 어떤 주제에 의해서 연결될 수 있는지 혹은 이미 정해진 주제를 중심으로 어떻게 재조직할 것인가를 상의한다. 이러한 접근의 성공적 실행을 위해서는 각 교과가 학문적 지식과 기능으로 구성되어 있음이 전제된다. 그렇지 않으면 공통된 주제가 각 교과의 지식 및 기능과 어떻게 관련이 있는지, 다른 교과의 내용과 어떻게 연결되는지를 확인하기 어렵기 때문이다.

따라서 다학문적 접근으로 교과를 통합했을 경우 학습경험은 정해진 주제를 중심으로 하되 교과별로 개발될 수 있다. 예를 들어 '자료해석'을 중심으로 다학문적 접근을 시도했을 경우, 국어과에서는 1960년대에서 2000년대까지 각 시대를 대표하는 공익광고 네 점을 보고 그 의도를 파악하고 공익광고를 통해 알 수 있는 각 시대의 사회상을 표로 정리하는 활동을 하며, 과학과에서는 용해와 용액에 대한 네 가지 실험을 설계한 후 실험을 수행하고 용해 전과 용해 후의 무게를 측정 후 비교하며 용매의 온도와 용질의 관계를 실험주제로 보고서를 작성해 보도록 하는 것이다.

간학문적 접근에서는 교과 간의 공통된 연결고리를 찾아내어 그것들을 중심으로 기존의 교과들을 재구성한다. 이 접근을 취하는 교사는 교육과정을 전체적으로 훑어보아 교과 간에 자연스럽게 걸쳐지는 주제나 이슈를 통합의 조직자로 삼는다. 그리고 교육내용의 측면에서 교과 내의 학문 특수적 개념들뿐 아니라 여러 학문 영역에 적용될 수 있는 간학문적인 개념과 일반화를 포함한다. 갈등, 변화, 상호의존, 시스템처럼 개념이지만 적용 범위가 더 넓은 간학문적 개념들을 찾아내어 여러 교과의 내용을 결합하기도 하고, 비판적 사고기능과 같은 사고기능이나 특정 탐구기능을 공통분모로 하여 여러 교과의 지식과 기능을 재조직하기도 한다. 간학문적 접근에서는 교과 간의 경계가 허물어지면서 통합단원이나 통합교과의 형태가 생겨난다.

따라서 간학문적 접근으로 교과를 통합했을 경우 학습경험은 간학문적 개념들을 중심으로 교과들을 연결하여, 교과의 선이 뚜렷하지 않은 학습활동으로 개발될 수 있다. 예를 들어 '인간과 자연의 조화'라는 개념을 간학문적 통합의 중심으로 설정했을 경우, 날씨의 다양한 피해에 대한 신문 자료를 스크랩하고 조사한 신문 자료를 활용하여 날씨의 피해를 줄일 수 있는 방지책에 대한 조별 신문을 만들어 사회과와 과학과의 내용이 포함된 학습활동을 고안할 수 있다. 또한 인간으로 인한 환경파괴로 인해 어떤 문제가 생기는지를 알 수 있도록 인간으로 인한 개발로 어떤 문제가 생겼는지를 살펴보고 멸종위기 동물 사진전을 열어 동물들이 왜 멸종위기에 놓여 있는지와 인간이 자연에 주는 영향과 관련지어 생각해 보게 하는 사회과와 과학과, 도덕과의 내용이 포함된 학습활동을 개발할 수 있다.

초학문적 접근은 교과의 경계를 초월하면서 실생활 맥락에서 주제를 찾거나 학습자가 탐구하고자 하는 문제로부터 시작된다. 학생들이 관심을 보이는 주제나 문제, 혹은 사회적 이슈를 분과적인 교과를 넘어서서 스스로 탐구하도록 하는 접근이다. 실생활 맥락의 문제나 이슈는 더 이상 특정 교과나 여러 개의 교과를 가르치는 조직자로 기능하지 않는다. 학습자들이 관심이 있는 문제나 탐구과정 자체가 교육내용이 된다.

학습자들은 특정 주제나 문제를 이해하고 해결해 나가는 데 필요한 지식과 기능을 실생활 맥락 속에서 습득하게 되고 또한 이를 적용하여 문제를 해결한다. 예를 들어 '지역사회 문제 해결하기 프로젝트'를 중심으로 먼저 지역사회를 탐방하고 지역사회의 문제 기준을 정해서 분석하며 이를 기반으로 신문 기사를 작성하고 문제해결을 위해서 우수 주민자치 사례를 살펴본다. 이후 지역사회 문제와 관련된 책을 읽은 후 주변의 비슷한 문제를 탐색하여 정보를 수집하고 문제해결방법을 제시하고 이러한 내용을 중심으로 홍보 벽보와 홍보 글을 작성하여 발표하는 활동을 개발할 수 있다. 이처럼 초학문적 접근에서는 어떤 학문적 내용과 기능이 혹은 간학문적 내용과 기능이 선택되는지는 학생들이 선택한 문제나 주제에 따라 달라진다고 볼 수 있다. 이러한 측면에서 교사는 학생들의 탐구를 안내하는 역할을 담당하고 교육과정을 학습자들과 함께 구성해 간다.

우리는 전통적으로 학문 기반의 교과들을 가르쳐 왔기에 교육과정을 통합적으로 재구성한다고 했을 때 그 교과들을 어떻게 엮고 연결할 것인가에 집중하는 경향이 있다. 물론 교과들을 어떻게 연계하고 통합할 것인가는 교육과정 설계의 중요한 관심거리다. 하지만 1부 앞머리에서 언급하였듯이 교육과정 통합이 등장한 배경과 추구하는 교육적 의도에 비추어 볼 때 학습자가 통합적으로 사고하고 상황 속에서 지식을 작동시키며 새로운 의미를 만들어 낼 수 있도록 도와주는 데 초점을 맞추어야 한다. 교사가 교육과정을 교과 통합적으로 설계하고 그것을 프로그램화해서 기계적으로 적용하는 것이 아니라는 것이다. 다학문적 통합과 간학문적 통합의 경우 내용과 통합의 원천이 교과로부터 나오지만, 여전히 통합이라는 '정신'에 비추어 보면 학문적 지식을 효과적으로 전달하는 것이 아니라(학문적 지식을 우리 자신과 세계에 대한 전문가들이 발견해서 체계적으로 조직화해 놓은 의미 체계와 심층적인 탐구 방식과 소통의 체계라고 한다면), 학문적 지식을 바탕으로 학생들 스스로 우리 자신과 세계에 대한 이해를 만들고 세상에 의미 있게 참여하며 변화를 만들어 낼 수 있도록 하는 능력을 기르는 데 관심을 기울여야 할 것이다. 단지 여러 교과를 엮거나 아니면 단순히 학생들의 관심사를 확인하기 위한 것은 아니어야 할 것이다.

2부

이해중심 통합단원 설계 절차

이해중심 통합단원 설계 흐름

드레이크Drake, 2007가 제시한 통합단원의 개발 절차를 살펴보면 위 긴스와 맥타이Wiggins & McTighe, 1998; 2005가 제안한 백워드 설계 단계의 과정을 따르고 있음을 알 수 있다.

먼저 교육과정 문서를 보면서 교과별로 학습 목표를 전체적으로 훑고 해체unpacking하여 교과 간에 종적 및 횡적으로 어떻게 연결되어 있는지 큰 그림을 그려 보는 교육과정 도해mapping를 한다. 그리고 스캔scan을 통해 수업에서 가르쳐야 하는 구체적인 성취기준을 살피면서 연결성을 분석하고 클러스터cluster하여, 교과 간에 걸치는 특정 주제나 개념과 기능, 원리가 수면 위로 떠오르면 그것을 통합의 중심으로 선정한다. 통합의 중심이 정해지면 관련 교과 및 영역의 내용으로 탐색망exploratory web을 그려 본다. 그려진 탐색망의 성질에 따라, 출발점이 교과교육의 경우 다학문으로 할지, 간학문으로 할지 정한다.[5] 그

---

5. 통합 접근 방법의 차이는 1부에서 자세히 다루었으며 초학문적 접근은 주제가 교과가 아닌 실생활 분세나 이슈 혹은 학생늘의 관심에서 시작되므로 다른 과정을 따른다.

다음으로 탐색망에서 드러나는 교과 간의 상호 연결성을 고려하여 간학문적인 지식과 기능 및 인성을 추출하고 KDB 우산을 완성하고 교과에서 다뤄질 수 있는 핵심질문을 개발한다.

수행(평가)과제는 여러 교과의 지식과 기능을 활용해야 완성할 수 있는 문제해결과제가 되어야 한다. 수행평가과제를 개발할 때 가장 중요한 것은 학습자가 최종적으로 도달해야 하는 '이해'가 무엇인지, 추출한 KDB와 성취기준을 확인해야 한다. 학생들에게 제시할 수행평가과제 시나리오를 작성할 때도 백워드 설계에서 사용했던 GRASPS를 사용하는 것이 유용하며, 채점기준을 개발할 때 역시 KDB를 기반으로 해야 한다.

마지막으로 수업의 각 차시에서 실행할 학습활동을 개발하는데, 백워드 설계에서의 학습활동 개발과 마찬가지로 WHERETO를 활용하는 것이 유용하다. 백워드 설계와 이해중심 통합단원 설계의 흐름을 비교해서 정리하면 옆의 표와 같다.

흐름	이해중심 통합단원 설계 흐름	흐름	백워드 설계 흐름[6]	
1	교육과정 도해와 스캔·클러스터	1	기대 하는 학습 결과	교육과정 풀기
	탐색망 그리기			• 영속적 이해 • 지식(사실, 개념) • 핵심기능
	KDB 우산 개발하기			
	핵심질문 개발하기			핵심질문 개발하기
2	수행평가과제 개발하기 그 외의 평가, 자기평가 계획하기	2	이해의 다양한 증거	수행평가과제 개발하기 그 외의 평가, 자기평가 계획하기
3	교수·학습활동 선정 및 조직하기	3	학습 계획	교수·학습활동 선정 및 조직하기

---

6. 『온정덕, 변영임, 안나, 유수정(2018). 교실 속으로 간 이해중심 교육과정. 살림터』의 ① 바람직한 학습결과 확인하기 ② 다양한 이해의 증거 결정하기 ③ 교수·학습활동 계획하기로 제시되어 있다.

1.
이해중심 통합단원 설계 1단계, 무엇을 포함할 것인가?

교육과정 도해와 스캔·클러스터

드레이크[Drake, 2007]가 제시한 통합단원의 개발에서도 통합하고자 하는 교과들에 어떤 지식, 기능 인성이 포함되어 있는지를 확인하는 과정을 통해 모든 학생이 도달해야 하는 성취기준에 기반해서 교육과정을 개발할 수 있다. 이해중심 통합단원을 개발하고자 할 때 실질적인 도움을 줄 수 있도록 4학년 사회과를 중심으로 과학, 도덕, 국어 교과의 간학문적인 교과 통합 설계 과정을 보여 주고자 한다.

이해중심 통합단원을 개발할 때는 교육과정 도해가 먼저 이루어진다. 성취기준과 내용 체계를 참고해서 교육과정 풀기[7]를 통해 학습 내용의 우선순위를 정하면서 교과들이 종적, 횡적으로 어떻게 연결되는지 큰 그림을 확인하게 된다. 교육과정 도해를 하는 이유는 이후 교육

---

7. 『김경자, 온정덕, 이경진(2019). 역량함양을 위한 교육과정 설계:이해를 위한 수업. 교육아카데미』.

과정 통합이 소재나 활동 중심으로 이루어지지 않기 위함이다. 또한 통합하려는 교과들의 성취기준이나 목표, 내용 가운데 겹친 부분을 살피고 불필요하게 중복된 부분을 검토하면서 교과 영역을 가로질러 연계할 수 있도록 해 준다. 나아가 정해진 학습 기간에 교과에서 가르쳐야 하는 교육 목표와 내용을 분석하고 통합할 수 있는 내용을 연결할 수 있게 해 주며, 이런 교육과정 도해는 수평적으로도 수직적으로도 수행할 수 있다.

3~4학년군 도덕과 교육과정 도해 예시(자연·초월과의 관계 영역)

영역	내용 요소	일반화된 지식	성취기준	교육과정 풀기
자연·초월과의 관계	• 생명은 왜 소중할까?(생명 존중, 자연애) • 아름답게 살아가는 사람들의 모습은 어떠할까?(아름다움에 대한 사랑)	인간으로서 도덕적 책임을 다하기 위해 인간의 생명과 자연, 참된 아름다움과 도덕적 삶을 사랑하고, 긍정적인 삶의 자세를 가진다.	[4도04-01] 생명의 소중함을 이해하고 인간 생명과 환경 문제에 관심을 가지며 인간 생명과 자연을 보호하려는 태도를 가진다. [4도04-02] 참된 아름다움을 올바르게 이해하고 느껴 생활 속에서 이를 실천한다.	• 생명의 소중함 • 생명과 환경 문제 • 참된 아름다움 • 환경 문제에 관심 가지기 • 인간 생명과 자연을 보호하려는 태도 • 참된 아름다움을 생활 속에서 실천하기
기능	• 실천 능력 – 실천 의지 기르기 – 책임감 있게 행동하기 • 윤리적 성찰 능력 – 심미적 감수성 기르기 – 자연과 유대감 갖기 – 반성과 마음 다스리기			

3~4학년군 과학과 교육과정 도해 예시(생명의 연속성 영역)

영역	핵심개념	내용 요소	일반화된 지식	성취기준	교육과정 풀기
생명의 연속성	생식	• 동물의 한살이 • 완전·불완전 탈바꿈 • 식물의 한살이 • 씨가 싹트는 조건	생물은 유성 생식 또는 무성 생식을 통해 종족을 유지한다.	[4과10-02] 동물의 한살이 관찰 계획을 세우고, 동물을 기르면서 한살이를 관찰하며, 관찰한 내용을 글과 그림으로 표현할 수 있다. [4과10-03] 여러 가지 동물의 한살이 과정을 조사하여 동물에 따라 한살이의 유형이 다양함을 설명할 수 있다. [4과13-01] 씨가 싹트거나 자라는 데 필요한 조건을 설명할 수 있다. [4과13-02] 식물의 한살이 관찰 계획을 세워 식물을 기르면서 한살이를 관찰할 수 있다. [4과13-03] 여러 가지 식물의 한살이 과정을 조사하여 식물에 따라 한살이의 유형이 다양함을 설명할 수 있다.	• 동물의 한살이 • 동물의 한살이 과정 • 동물의 한살이 유형의 다양함 • 식물의 한살이 • 식물이 싹트거나 자라는 데 필요한 조건 • 식물의 한살이 유형의 다양함 • 관찰계획 세우기 • 기르기 • 관찰하기 • 표현하기 • 조사하기
		• 동물의 암·수 • 동물의 암·수역할	다세포 생물은 배우자를 생성하고 수정과 발생 과정을 거쳐 개체를 만든다.	[4과10-01] 동물의 암·수에 따른 특징을 동물별로 비교해 보고, 번식 과정에서 암·수의 역할이 다양함을 설명할 수 있다.	• 동물의 암·수의 특징 • 동물의 암·수 역할의 다양함 • 비교하기
	진화와 다양성	• 다양한 환경에 사는 동물과 식물 • 동물과 식물의 생김새	생물은 환경 변화에 적응하여 진화한다.	[4과03-02] 동물의 생김새와 생활 방식이 환경과 관련되어 있음을 설명할 수 있다. [4과05-02] 식물의 생김새와 생활 방식이 환경과 관련되어 있음을 설명할 수 있다.	• 동물(식물)의 생김새와 생활 방식의 관련
		• 특징에 따른 동물 분류 • 특징에 따른 식물 분류	다양한 생물은 분류체계에 따라 분류된다.	[4과03-01] 여러 가지 동물을 관찰하여 특징에 따라 동물을 분류할 수 있다. [4과05-01] 여러 가지 식물을 관찰하여 특징에 따라 식물을 분류할 수 있다.	• 동물(식물)의 특징 • 관찰하기 • 분류하기
기능	문제인식, 탐구 설계와 수행, 자료의 수집·분석 및 해석, 수학적 사고와 컴퓨터 활용, 모형의 개발과 사용, 증거에 기초한 토론과 논증, 결론 도출 및 평가, 의사소통				

영역	핵심개념	내용 요소	일반화된 지식	성취기준	교육과정 풀기
정치	민주주의와 국가	• 민주주의, 지역사회, 공공기관, 주민 참여, 지역 문제 해결	현대 민주 국가에서 민주주의는 헌법을 통해 실현되며, 우리 헌법은 국가기관의 구성 및 역할을 규율한다.	[4사03-05] 우리 지역에 있는 공공기관의 종류와 역할을 조사하고, 공공기관이 지역 주민들의 생활에 주는 도움을 탐색한다.	• 공공기관의 종류와 역할 • 지역 문제의 해결방안 • 주민 참여 • 공공기관과 지역 주민의 생활과의 관계 • 조사하기 • 탐색하기 • 문제해결하기 • 지역 문제에 참여하는 태도
	정치과정과 제도		현대 민주 국가는 정치과정을 통해 시민의 정치 참여가 실현되며, 시민은 정치 참여를 통해 다양한 정치 활동을 한다.	[4사03-06] 주민 참여를 통해 지역 문제를 해결하는 방안을 살펴보고, 지역 문제의 해결에 참여하는 태도를 기른다.	
기능	조사하기, 분석하기, 참여하기, 토론하기, 비평하기, 의사결정하기				

　　먼저 수평적 도해는 학생들이 1년 혹은 특정 기간 동안 통합하고자 하는 교과들에서 어떠한 성취기준을 중심으로 지식과 기능, 인성을 학습해야 하는지를 확인하는 것이다. 특히 인성은 성취기준에 함축되어 있고, 교사는 매일 학교에서 가치와 관련된 인성을 가르치므로 학생이 갖추길 바라는 인성이 무엇인지를 지식과 기능과 관련시켜서 확인하는 과정이 필요하다. 수평적 도해는 교과별로 이루어지는데 다음은 4학년 사회과 성취기준을 지식과 기능 및 인성으로 수평적 도해를 한 예시이다.

4학년 사회과의 수평적 도해 예시[8]

시기	성취기준	지식	기능	인성
지역의 위치와 특성 (3~4월)	[4사03-01] 지도의 기본 요소에 대한 이해를 바탕으로 하여 우리 지역 지도에 나타난 지리 정보를 실제 생활에 활용한다.	지도의 기본 요소 지리정보	활용하기 조사하기 탐색하기	지리 정보를 일상생활에 이용한다. 각 중심지의 특성은 고장 사람들의 생활과 밀접하게 관련이 있음을 알고 생활에 이용한다.
	[4사03-02] 고장 사람들의 생활과 밀접하게 관련이 있는 지역의 다양한 중심지(행정, 교통, 상업, 산업, 관광 등)를 조사하고, 각 중심지의 위치, 기능, 경관의 특성을 탐색한다.	지역의 중심지 중심지의 특성		
우리가 알아 보는 지역의 역사 (5~6월)	[4사03-03] 우리 지역을 대표하는 유·무형의 문화유산을 알아보고, 지역의 문화유산을 소중히 여기는 태도를 갖는다.	지역의 대표하는 문화유산	조사하기	문화유산을 소중히 여기는 태도를 가진다. 지역의 역사에 대해 자부심을 가진다.
	[4사03-04] 우리 지역과 관련된 역사적 인물의 삶을 알아보고, 지역의 역사에 대해 자부심을 갖는다.	지역과 관련된 역사적 인물의 삶		
지역의 공공 기관과 주민 참여 (7월)	[4사03-05] 우리 지역에 있는 공공기관의 종류와 역할을 조사하고, 공공기관이 지역 주민들의 생활에 주는 도움을 탐색한다.	공공기관의 종류와 역할 공공기관과 지역 주민들의 생활과의 관계	조사하기 탐색하기 살펴보기 탐구하기	생활 속에서 문제해결을 위해 공공기관을 활용한다. 지역 문제 해결에 참여하는 태도를 가진다.
	[4사03-06] 주민 참여를 통해 지역 문제를 해결하는 방안을 살펴보고, 지역 문제의 해결에 참여하는 태도를 기른다.	주민 참여 지역 문제의 해결방안		
촌락과 도시의 생활 모습 (9~10월)	[4사04-01] 촌락과 도시의 공통점과 차이점을 비교하고, 각각에서 나타나는 문제점과 해결방안을 탐색한다.	촌락과 도시의 공통점과 차이점	비교하기 탐색하기 조사하기 탐구하기	지역 문제를 해결하려는 마음(태도)를 갖는다. 의사결정 시 어떻게 그 지역이 다른 지역에 영향을 주는지를 고려한다.
	[4사04-02] 촌락과 도시 사이에 이루어지는 다양한 교류를 조사하고, 이들 사이의 상호의존 관계를 탐구한다.	촌락과 도시 교류 상호의존 관계		

---

8. '수평적 도해'의 하나의 예시로 해당 학년의 교과별로 일정 시기 동안 어떠한 성취기준, 지식, 기능, 인성이 다뤄지는지를 정리한 것이다.

필요한 것의 생산과 교환 (11월)	[4사04-03] 자원의 희소성으로 경제활동에서 선택의 문제가 발생함을 파악하고, 시장을 중심으로 이루어지는 생산, 소비 등 경제활동을 설명한다.	자연의 희소성 경제활동 (생산과 소비)	파악하기 설명하기 조사하기 탐구하기	생활 속에서 합리적인 경제적 의사결정을 한다. 지역 간 경제활동이 밀접하게 관련되어 있음을 고려한다.
	[4사04-04] 우리 지역과 다른 지역의 물자 교환 및 교류 사례를 조사하여, 지역 간 경제활동이 밀접하게 관련되어 있음을 탐구한다.	지역 간 교환과 교류 지역 간 경제활동의 의존		
사회 변화와 문화의 다양성 (12~1월)	[4사04-05] 사회 변화(저출산·고령화, 정보화, 세계화 등)로 나타난 일상생활의 모습을 조사하고, 그 특징을 분석한다.	사회 변화로 인한 일상생활의 모습	조사하기 분석하기 탐구하기	사회 변화에 적절하게 대응한다. 다문화로 인해 생기는 사회 문제를 해결하기 위해 문화 감수성을 향유한다.
	[4사04-06] 우리 사회에 다양한 문화가 확산되면서 생기는 문제(편견, 차별 등) 및 해결방안을 탐구하고, 다른 문화를 존중하는 태도를 기른다.	문화의 다양성으로 인한 문제		

다음으로, 수직적 도해는 여러 학년에 걸쳐서 지식, 내용, 성취기준이 어떻게 서로 연결되고 구성되었는지를 확인하는 데 초점이 있다. 수직적 도해는 수평적 도해와 마찬가지로 각 교과별로 이루어지는데, 모든 학년의 교육과정을 수직적 도해하기는 어려울 뿐 아니라 개발하고자 하는 통합단원과 직접 관련되지 않을 수도 있으므로 해당 학년에서 위아래로 1~2개 학년 정도 하는 것이 적절하다. 교사들은 경험적으로 교육과정 도해가 자연스럽게 일어나기도 하는데, 교육과정 도해를 통해 교사들은 교과들에 동일하게 포함된 주제나 개념과 기능, 원리가 학년이 올라갈수록 혹은 낮은 학년에서는 어떻게 나선형으로 다뤄지는지를 알 수 있다. 또한 학생들이 교과 학습을 통해 어떠한 지식과 기능을 발전시켜 나가야 하는지를 자연스럽게 확인할 수 있어서

4학년 도덕과의 수직적 도해 예시(자연·초월과의 관계생명 영역)[9]

학년	성취기준	지식	기능	인성
2학년	[2바02-02]봄에 볼 수 있는 동식물을 소중히 여기고 보살핀다.	봄의 동식물	보살피기	동식물을 소중히 여긴다.
3학년	[4도04-01]생명의 소중함을 이해하고 인간 생명과 환경 문제에 관심을 가지며 인간 생명과 자연을 보호하려는 태도를 가진다.	생명의 소중함 인간 생명과 환경 문제	관심 가지기	인간 생명과 자연을 보호하려는 태도를 가진다.
4학년	[4도04-02]참된 아름다움을 올바르게 이해하고 느껴 생활 속에서 이를 실천한다.	참된 아름다움	실천하기	참된 아름다움을 생활 속에서 실천한다.
5학년	[6도04-01]긍정적 태도의 의미와 중요성을 알고, 어려움을 극복하기 위한 긍정적 삶의 태도를 습관화한다.	긍정적 태도의 의미와 중요성	습관화하기	긍정적 삶의 태도를 가진다.
6학년	[6도04-02]올바르게 산다는 것의 의미와 중요성을 알고, 자기반성과 마음 다스리기를 통해 올바르게 살아가기 위한 능력과 실천 의지를 기른다.	올바르게 산다는 것의 의미와 중요성	자기반성하기 마음 다스리기 실천 의지 가지기	올바르게 살아가기 위한 능력과 실천 의지를 가진다.

시간이 걸리더라도 교과별로 교육과정 도해를 시도해 보길 바란다.

교육과정 도해를 통해 현대사회에서 어떤 지식, 기능, 인성이 가치 있는지를 질문하면서 큰 그림을 보았다면, 스캔과 클러스터를 통해 특정 학년의 교육과정 문서 속에서 통합단원에서 학생들이 습득해야 하는 구체적인 가치 있는 지식, 기능, 인성을 결정해야 한다. 수업에서 가

---

9. '수직적 도해'의 예시는 교과별로 학년을 기재하고 학년별로 성취기준과 지식, 기능, 인성을 정리한 것으로, 도덕과의 경우 각 학년에서 영역별로 하나의 성취기준으로 개발되어 있어, 주제와 관련된 영역을 중심으로 수직적 도해를 한 결과이다.

르쳐야 하는 구체적인 성취기준을 스캔scan하면서, 통합할 수 있는 교과의 성취기준과 학습 목표, 내용을 클러스터cluster한다. 이러한 과정을 거치면서 교과 간에 걸치는 특정 주제나 개념과 기능, 영속적 이해가 드러나게 되는데 그것을 통합의 중심으로 삼는다.

스캔은 일반적인 의미로 가르쳐야 할 필수적인 것이 무엇인가를 알기 위해 성취기준을 대강 살펴보는 것을 의미한다. 이러한 스캔 과정을 통해 KDB를 어떻게 추출해야 할지를 개략적으로 알게 된다. 클러스터는 스캔을 통해 살펴본 성취기준들을 의미 있게 묶어 주는 것을 의미하며, 클러스터 과정을 통해 KDB를 중심으로 어떻게 통합할지를 알게 된다. 스캔과 클러스터도 교육과정 도해와 같이 수평적으로 그리고 수직적으로 수행할 수 있다. 수평적으로는 교과를 가로지르는 패턴을 확인하는 것이고, 수직적으로는 학생들이 그 학년 이전에 학습한 것과 다음 학년에서 학습할 것을 확인하는 것이다.

다음 예시에서 보듯이 4학년의 성취기준으로 수평적 스캔과 클러스터를 통해 통합의 중심으로 떠오른 것은 '다양성' '상호관계' '문제해결하기'이다. '통합을 위한 조직자'는 핵심적인 개념이나 기능일 수 있으며, 교사에 따라 달라질 수 있다. 예를 들어 다음과 같이 성취기준을 다르게 클러스터 하면 '공존'이나 '지속가능성'이라는 '통합을 위한 조직자'도 가능하다.

4학년 간학문적 수평적 스캔과 클러스터

통합을 위한 조직자	클러스터
다양성	**[사회]** [4사04-06] 우리 사회에 다양한 문화가 확산되면서 생기는 문제(편견, 차별 등) 및 해결방안을 탐구하고, 다른 문화를 존중하는 태도를 기른다. **[도덕]** [4도03-02] 다문화 사회에서 다양성을 수용해야 하는 이유를 탐구하고, 올바른 의사결정 과정을 통해 다른 사람과 문화를 공정하게 대하는 태도를 지닌다. [4도04-01] 생명의 소중함을 이해하고 인간 생명과 환경 문제에 관심을 가지며 인간 생명과 자연을 보호하려는 태도를 가진다. **[과학]** [4과13-03] 여러 가지 식물의 한살이 과정을 조사하여 식물에 따라 한살이의 유형이 다양함을 설명할 수 있다.
상호관계	**[사회]** [4사04-03] 자원의 희소성으로 경제활동에서 선택의 문제가 발생함을 파악하고, 시장을 중심으로 이루어지는 생산, 소비 등 경제활동을 설명한다. [4사04-04] 우리 지역과 다른 지역의 물자 교환 및 교류 사례를 조사하여, 지역 간 경제활동이 밀접하게 관련되어 있음을 탐구한다. [4사04-02] 촌락과 도시 사이에 이루어지는 다양한 교류를 조사하고, 이들 사이의 상호의존 관계를 탐구한다. **[과학]** [4과05-03] 식물의 특징을 모방하여 생활 속에서 활용하고 있는 사례를 발표할 수 있다. [4과11-03] 화산 활동이 우리 생활에 미치는 영향을 발표할 수 있다. [4과05-02] 식물의 생김새와 생활 방식이 환경과 관련되어 있음을 설명할 수 있다.
문제 해결하기	**[사회]** [4사03-06] 주민 참여를 통해 지역 문제를 해결하는 방안을 살펴보고, 지역 문제의 해결에 참여하는 태도를 기른다. [4사04-01] 촌락과 도시의 공통점과 차이점을 비교하고, 각각에서 나타나는 문제점과 해결방안을 탐색한다. **[도덕]** [4도02-04] 협동의 의미와 중요성을 알고, 경청·도덕적 대화하기·도덕적 민감성을 통해 협동할 수 있는 능력을 기른다.

탐색망 그리기

스캔과 클러스터를 한 후에는 탐색망을 그려 보고, 통합 접근 방법을 확정한다. 탐색망 그리기는 통합의 중심(여기서는 공존)으로 KDB를 개발하기 위해 성취기준 속에 포함되어 있는 학습활동과 평가에 대해 정리하는 것이다. 탐색망의 가운데에는 통합할 수 있는 주제나 토픽을 쓰고 앞서 스캔과 클러스터에서 확인했던 통합할 수 있는 교과들의 성취기준에 포함된 활동들을 작성해 본다. 이처럼 탐색망 그려 보기를 통해 서로 다른 교과의 성취기준을 살펴볼 수 있고 각 교과의 성취기준에 포함된 활동이 어떤 것이 있는지 파악하면서 교과 통합적인 활동과 평가에 접근할 수 있다. '공존'이라는 주제로 작성한 탐색망은 다음과 같다. 단, 탐색망은 말 그대로 '탐색'하는 과정으로 교육과정 설계자들이 설계를 진행하면서 이 망이 대폭 바뀔 수 있다.

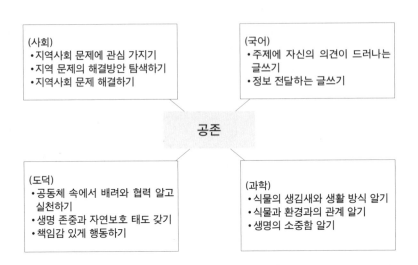

탐색망을 그리고 나면 교사는 다학문, 간학문에서 어떤 접근 방식을 취할 것인지 결정하게 되는데, 교사가 어떠한 방식을 선택하느냐에 따라 중심core이 되는 교과가 달라질 수 있다. '공존'이라는 주제를 간학문적 접근으로 결정하였고, 사회, 도덕, 과학, 국어 교과에서 공통으로 적용되는 지식과 기능을 조직자로 하여 여러 교과에 걸친 개념과 기능을 활용해서 문제를 해결해야 하는 통합단원을 개발하였다. 이런 간학문적 접근은 학생들이 관련된 타 교과의 학습 내용을 유연하게 활용하고 적용할 수 있도록 고려해야 한다.

KDB 우산과 핵심질문 개발하기

스캔과 클러스터를 통해 탐색망 그리기를 마친 후에는 학생들이 습득해야 할 지식과 기능, 인성을 찾아야 한다. 먼저, 지식을 찾아내기 위해서는 교육과정에 포함된 보편적인 개념을 나타내는 명사에 동그라미를 치거나 밑줄을 그어서 빅 아이디어를 확인하는 작업을 하는 것이 유용하다. 예를 들어 과학, 사회, 문학, 수학 교과에 걸쳐 나타나는 개념들은 원인/결과, 상호작용 등이다. 이러한 개념들은 보편적 개념이라 할 수 있다. 한편 시간/공간, 역동성, 비율과 같은 개념들은 한 교과에만 나타난다. 그러나 한 교과에만 등장한다고 해도 이를 다른 보편적 개념과 관련시킬 수도 있으므로 이러한 학문적 개념들이 무조건 통합의 중심이 될 만한 개념에서 제외해서는 안 된다. 빅 아이디어를 결정하기 위해서는 특정 학년의 교과들에 들어 있는 모든 성취기준을 복사하고, 성취기준의 명사에 표시하고 표시된 명사들만을 모아 놓고 더 큰 개념으로 묶어 나간다. 예를 들어 성취기준들에서 추출한 명사들이 재생산, 적자생존, 패턴이라면 이 세 개의 개념은 더 큰 개념인 상호의존으로 묶을 수 있고 상호의존이 빅 아이디어가 된다. 빅 아이디어를 찾은 후에는 큰 이해, 즉 여러 교과를 아우르는 영속적 이해를 찾아야 한다. 그런데 교육과정 문서에서 교과 통합을 위한 큰 이해를 바로 찾기는 어려운 일이다. 큰 이해는 스캔과 클러스터를 통해 추출한 '통합을 위한 조직자'에서 가장 쉽게 발견할 수 있다. 혹은 빅 아이디어를 찾은 후에 두 개 이상의 빅 아이디어를 동사로 연결해서 큰 이해 즉 영속적 이해를 만들 수 있다.

기능을 찾기 위해서는 모든 교과 교육과정에서 발견되는 복잡한 수행 기능이 무엇인지 알 필요가 있다. 예를 들면, 의사소통, 문제해결, 탐구, 연구, 예측, 비판적 사고, 발표 등은 대부분의 교과에서 찾을 수 있는 교과 통합적인 큰 기능이다. 교과 통합적인 큰 기능들을 찾기 위해서는 복잡한 수행 기능을 찾아야 하므로 지식을 찾을 때와 마찬가지로 특정 학년의 교과들에 들어 있는 모든 성취기준을 복사하고 성취기준의 동사에 표시한다. 다음으로 표시된 동사들을 모아 놓고 더 하위 기능들을 복잡한 수행 기능으로 묶어 나간다. 예를 들어 연구 기능의 하위 기능은 자료를 수집, 분석하는 것이고, 의사소통 기능의 하위 기능은 읽기, 쓰기, 듣기 등의 구두 언어 기능을 망라하는 기능들이다. 그런데 동사들을 모아 놓고 보면 그 의미가 명확하지 않아 해석이 필요할 때가 있다. 예를 들어 성취기준에 '기술하다'라는 동사가 있을 때 이 기능은 분명 의사소통 기능으로 묶여질 수는 있지만 '기술'을 말하기로 할 수도 있고 쓰기로 할 수도 있다. 이를 어느 쪽에 초점을 둘지는 수업 설계자인 교사가 결정할 수 있다. 이와 같은 과정을 통해 교과 통합적인 큰 기능을 찾아낼 수도 있지만, 반대로 교사가 어떤 큰 기능을 먼저 선정해 놓고 관련된 하위 기능들이 성취기준에 포함되어 있는지를 확인할 수도 있다. 예를 들어 통합교육과정을 통해 강조할 기능으로 연구 기능을 선정하고 나서 교과들의 성취기준들에서 연구와 관련된 하위 기능들에 표시하는 것이다.

다음으로 인성을 찾아야 하는데, 인성은 성취기준에 바로 드러나 있지 않다. 그러나 성취기준 안에는 가치가 내포되어 있다. 따라서 스캔과 클러스터를 할 때 기존의 성취기준에 내재해 있는 인성을 확인할 수 있다. 큰 이해(영속적 이해) 속에 있는 인성을 발견하는 또 다른 방법은 "(큰 이해)를 이해한다면…"의 형태의 진술문을 만들어 보는 것이다. 예를 들어 큰 이해가 '과학기술의 활용이 생태계에 지대한 영향을 미친다는 것과 인간이 생태계 보호의 책임이 있다'라면, "과학기술의 활용이 생태계에 지대한 영향을 미친다는 것과 인간이 생태계 보호의 책임이 있다는 것을 이해한다면 생태계를 유지하는 방식으로 과학기술을 사용해야 한다"라는 인성을 찾아낼 수 있다. 이렇게 진술하면 성취기준에 암시된 학생들이 어떤 인성을 갖추기를 원하는지를 알 수 있다.

이처럼 추출한 지식, 기능, 인성은 상호 관련되어 있으며 지식, 기능, 인성을 한 번에 확인할 수 있게 하려면 KDB 우산을 개발해야 한다. KDB 우산은 교육과정 개발자가 방향성을 잃지 않는 데 큰 도움이 될 뿐 아니라 학습자에게도 목표를 명확히 제시해 줄 수 있는 방법이 된다. '공존'을 통합의 중심으로 '우리는 자연과 어떻게 공존할 수 있을까?'라는 간학문적 단원을 개발하였으며, 각 교과의 지식, 기능, 인성을 확인하고 교과를 아우르는 빅 아이디어로 공존, 생태, 상호의존을, 큰 기능으로 문제인식하기, 자료수집하기, 의사결정하기, 협력하기를, 인성(태도, 신념, 가치)으로 생태 감수성과 책임감 있는 행동이라는 간학문적인 KDB를 추출하여 KDB 우산을 완성하였다. 이 단원의 큰 이해(영속적 이해)인 '생물과 환경은 상호의존한다', '인간의 선택이 생태계에 영향을 미친다', '공존을 위해서는 생태 감수성과 책임감 있는 행동이 필요하다'를 바탕으로 핵심질문인 '나의 행동은 생태계에 어떤 영향을 주는가?'를 도출하였다.

 '공존'을 주제로 한 이해중심 통합단원의 KDB 우산을 그리는 과정에서 드레이크가 제안한 KDB 우산 그림에서 큰 이해/영속적 이해를 우산 아래의 가운데로 변경하였다. 이를 통해 큰 이해/영속적 이해가 지식, 기능, 태도를 아우르는 성격을 띠는 것으로 제시하였다. 기능은 일반적인 21세기 기능이 아니라, 여러 교과에서 추출한 기능들을 아우르는 핵심적인 기능으로 추출하였다. 완성된 KDB 우산은 그림과 같다.

태도　　신념　　행동
생태 감수성, 책임감 있는 행동

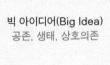

인성

빅 아이디어(Big Idea)
공존, 생태, 상호의존

큰 기능
문제인식하기, 자료수집하기,
의사결정하기, 협력하기

지식　　　기능

큰 이해/ 영속적 이해
생물과 환경은 상호의존한다.
인간의 선택이 생태계에 영향을 미친다.
공존을 위해서는 생태 감수성과 책임감 있는 행동이 필요하다.

↓

핵심질문:
나의 행동은 생태계에 어떤 영향을 주는가?

↕

수행평가:
생태공간 설계하기

과목: 국어
개념과 사실: 정보전달, 설득
기능: 아이디어 수집, 생산하기, 표
　　 현하기, 점검·조정하기
핵심질문: 상황과 목적에 따라 글을
　　　 어떻게 써야 하는가?

과목: 사회
개념과 사실: 지역사회 문제, 주민 참여
기능: 문제인식하기, 자료수집하기,
　　 분석하기, 의사결정하기
핵심질문: 지역의 문제를 해결하기 위
　　　 해 어떤 노력이 필요한가?

과제

기준　　활동

과목: 도덕
개념과 사실: 생명의 소중함
기능: 책임감 있게 행동하기, 자연과
　　 유대감 갖기, 협력하기
핵심질문: 행동에는 책임이 뒤따르
　　　 는가?

과목: 과학
개념과 사실: 식물의 생활 방식, 생김새
기능: 문제인식하기, 탐구 설계와 수행
　　 하기, 자료수집, 분석하기, 결론
　　 도출 및 평가하기, 의사소통하기
핵심질문: 식물은 환경에 어떻게 적
　　　 응하고 변화하는가?

통합단원 내용 기반으로 KDB를 구성하면서 함께 고려한 것은 위긴스와 맥타이Wiggins & McTighe의 백워드 설계 2.0버전이다. 백워드 설계 2.0버전에 따라 '기대하는 학습결과'를 전이, 의미, 습득으로 구분하여 작성하였다. 전이 목표로 '생태적 감수성을 지니고 공존을 위한 합리적 의사결정을 하며 책임감을 가지고 실천할 수 있다'로 정하였으며, 단원 수준의 이해는 KDB 우산에서 정한 영속적 이해(포괄적 이해)를 바탕으로 단원의 소재와 결부시켜 '식물은 지역의 환경에 영향을 받는다' '지역의 환경 문제를 해결하기 위한 다양한 노력과 실천이 필요하다'로 추출하였다. 핵심질문 역시 KDB 우산의 포괄적 핵심질문인 '나의 행동은 생태계에 어떤 영향을 주는가?'를 단원 수준의 소재와 결부시켜 소재적 핵심질문으로 '지역의 환경은 식물에 어떤 영향을 주는가?' '생태계 파괴는 어떤 결과를 가져오는가?' '지역의 환경 문제를 해결하기 위해 어떤 노력이 필요한가?'를 선정하였다. 그리고 학생들이 알아야 할 지식으로 KDB 우산에서 추출한 빅 아이디어를 개념적 지식에 포함시키고, 추가로 학생들이 학습 과정에서 습득하는 사실적 지식을 구분하여 제시했다. 그리고 KDB 우산의 기능과 인성을 다시 한번 확인하였다.

관련 성취기준	전이(Transfer-T)[10]		
[4국03-03] 관심 있는 주제에 대해 자신의 의견이 드러나게 글을 쓴다.	• 생태적 감수성을 지니고 공존을 위한 합리적 의사결정을 하며 책임감을 가지고 실천할 수 있다.		
	의미(Meaning-M)		
	큰 이해/ 영속적 이해	핵심질문	
[4사03-06] 주민 참여를 통해 지역 문제를 해결하는 방안을 살펴보고, 지역 문제의 해결에 참여하는 태도를 기른다.	포괄적 수준 • 생물과 환경은 상호의존한다. • 인간의 선택이 생태계에 영향을 미친다. • 공존을 위해서는 생태 감수성과 책임감 있는 행동이 필요하다.	포괄적 수준 • 나의 행동은 생태계에 어떤 영향을 주는가?	
[4도04-01] 생명의 소중함을 이해하고 인간 생명과 환경 문제에 관심을 가지며 인간 생명과 자연을 보호하려는 태도를 가진다.	단원 수준 • 식물은 지역의 환경에 영향을 받는다. • 지역의 환경 문제를 해결하기 위한 다양한 노력과 실천이 필요하다.	단원 수준 • 지역의 환경은 식물에 어떤 영향을 주는가? • 생태계 파괴는 어떤 결과를 가져오는가? • 지역의 환경 문제를 해결하기 위해 어떤 노력이 필요한가?	
[4도02-04] 협동의 의미와 중요성을 알고, 경청·도덕적 대화하기·도덕적 민감성을 통해 협동할 수 있는 능력을 기른다.	습득 (Acquisition-A)		
	지식	기능	인성
[4과05-02] 식물의 생김새나 생활방식이 환경과 관련되어 있음을 설명할 수 있다.	개념적 지식 • 공존 • 생태 • 상호의존	사실적 지식 • 지역사회 문제 • 주민 참여 • 생명의 소중함 • 식물의 생활 방식	• 문제인식하기 • 자료수집하기 • 의사결정하기 • 협력하기

(인성 열: • 생태 감수성 / • 책임감 있는 행동)

---

10. 길잡이 문장: 전이 문장은 '학생들은 학습한 것을 활용해서 ~을 할 수 있다'를 고려하여 작성할 수 있다.

2.
이해중심 통합단원 설계 2단계, 무엇을 어떻게 드러내야 할 것인가?

간학문적 수행(평가)과제 개발하기

간학문적 평가를 계획할 때는 1단계에서 개발한 KDB를 기반으로 해야 한다. 백워드 설계와 마찬가지로 간학문적 통합 설계에서는 1단계에서 추출한 KDB와 앞에 묶었던 '통합을 위한 조직자'를 간학문적 평가계획뿐만 아니라 3단계의 학습경험을 창안하는 데까지 일관되게 유지해야 한다. 또한 수행(평가)과제의 '수행'은 학습자가 실제 생활에서 일어날 수 있는 상황에서 복잡한 문제를 창의적으로 해결하는 것을 의미하며, 중요한 교육내용을 이해하였는지를 드러내는 증거이다. 간학문적 수행(평가)과제는 이런 측면을 고려하여 시나리오를 작성할 때도 백워드 설계의 GRASPS[11]를 활용하면 효과적으로 맥락을 고려한 실제적인 수행(평가)과제를 설계할 수 있다. 이번 간학문적 평가에

---

11. GRASPS: Goal(목표), Role(역할), Audience(청중), Situation(상황), Product(결과물), Standard(준거)의 앞 글자를 딴 것이다.

수행(평가)과제 요소

목표(G)	환경을 고려한 생태공간 제안하기
역할(R)	생태공간 어린이 제안가
청중(A)	○○초 4학년
상황(S)	우리가 사는 지역은 생태계가 파괴되어 생태공간이 부족한 상황이다. 이런 지역 문제를 해결하기 위해 지역(학교/마을)의 공간을 생태공간으로 바꾸어야 한다.
결과물(P)	설계안
준거(S)	설계안은 글과 그림으로 표현되어야 하며 다음과 같은 내용이 포함되어야 합니다. • 생태공간 설계 의도와 필요성 • 환경과 어울리는 식물 구성을 포함한 배치도와 그에 대한 설명 • 공존을 위한 생태공간 관리방안

설명하기	○	해석하기	○	적용하기	○	관점가지기		공감하기	○	자기지식가지기	

수행평가과제-생태공간 설계하기

우리 지역(학교/마을)은 지나친 도시 개발로 생태계가 급속도로 파괴되고 있습니다. 이러한 지역의 문제를 해결하고자 우리 ○○시에서는 생태공간을 만들기로 하였다고 합니다. 모든 시민이 이용할 수 있는 생태공간을 조성하기 위해 여러분은 생태공간 설계안을 작성해야 합니다. 지역의 공간(학교/마을) 중 한 곳을 정하고 공간의 설계 의도, 이유 등을 고려하여 생태공간을 계획하는데 환경에 어울리는 식물의 구성과 배치를 포함해야 하며, 그림과 간단한 설명으로 작성해야 합니다. 그리고 생태공간이 유지될 수 있도록 관리계획을 포함해야 합니다.

지역 선정		결과물	필수 내용
① 지역(마을) 내 공간		① 신문	① 생태공간의 의도와 필요성
		② 포스터	② 생태공간의 구성 계획 그림과 그에 대한 설명(환경에 적합한 식물 조성)
		③ 벽 전시물	
② 학교 내 공간		④ 책	③ 공존을 위한 생태공간 관리방안
		⑤ ( )	
※흥미 있는 주제에 (∨) 하세요.		제출물은 위의 3가지 내용이 모두 들어가야 합니다. 필수 내용이 빠지는 일이 없도록 (∨) 하세요.	

서는 KDB 우산의 빅 아이디어, 큰 기능과 큰 이해를 바탕으로 '공존'을 염두에 둔 지역사회 문제해결과제를 설정하였다. '나의 행동은 생태계에 어떤 영향을 주는가?'라는 핵심질문을 해결하기 위한 과제로 생태공간을 설계하는 수행(평가)과제를 개발하였다.

간학문적 수행(평가)과제는 다양한 방법으로 이루어질 수 있다. 간학문적 평가에서도 맞춤형 수업 요소를 적용하여 아이들의 흥미에 따라 바꾸고자 하는 공간을 선정하도록 하거나, 결과물을 학생의 희망에 따라 선택하여 작성하도록 할 수 있다. 단, 간학문적 수행(평가)과제는 KDB에 기반하여 개발되기 때문에 채점기준을 개발할 때 역시 KDB를 기반으로 해야 하며, 핵심질문을 반영해야 한다. KDB는 각각 따로 분리된 것이 아니라 서로 연결되어 있기에 지식은 복잡한 간학문적 기능과 연결이 되고, 지식과 기능은 지향하는 인성과도 관련된다. 간학문적 평가는 여러 교과를 활용하여 해결할 수 있는 문제해결과제이므로 채점기준 역시 문제해결과정으로 평가요소를 설정하였다. 또한 문제해결과정에서 학생들이 습득해야 할 지식, 기능. 인성이 반영되어 있음을 확인할 수 있을 것이다.

그 외의 평가와 자기평가

'중요한 개념과 기능들'을 습득했는지는 수행평가를 통해 평가할 수도 있지만, 때에 따라서는 전통적인 시험과 퀴즈를 통해 확인하는 것이

채점기준(루브릭)

단계 평가 요소	매우 잘함	잘함	보통	노력 요함
문제 인식	생태공간이 필요한 장소를 찾고, 왜 생태공간이 필요한지에 대한 이유를 지역(학교/마을)의 특성과 연결하여 설명할 수 있다.	생태공간이 필요한 장소를 찾고, 왜 생태공간이 필요한지에 대한 이유를 지역의 특성과 연결하여 설명하나 근거가 부족하다.	생태공간이 필요한 장소를 찾고, 왜 생태공간이 필요한지에 대한 이유를 설명하나 지역의 특성과 연결하지 못한다.	생태공간이 필요한 장소를 찾지 못하거나, 찾더라도 생태공간이 필요한 이유에 관해 설명하지 못한다.
자료 수집 및 분석	생태공간을 조성할 환경을 다각도로 분석하고, 환경에 맞는 식물에 대한 자료를 수집하여 생태공간 조성을 위한 식물을 적절하게 선정할 수 있다.	생태공간을 조성할 환경을 분석하고, 환경에 맞는 식물에 대한 자료를 수집하여 생태공간 조성을 위한 식물을 선정할 수 있다.	생태공간을 조성할 환경을 분석하고, 환경에 맞는 식물에 대한 자료를 수집하였으나, 생태공간 조성을 위한 식물을 적절하게 선정하지 못한다.	생태공간을 조성할 환경을 분석하였으나, 환경에 맞는 식물에 대한 자료를 수집하는 데 어려움을 느끼고, 생태공간 조성을 위한 식물을 선정하지 못한다.
협력 및 의사 결정	협력적 태도로 참여하여 생태공간을 완성하고 공존을 위한 관리계획을 근거를 들어 설명한다.	협력적 태도로 참여하여 생태공간을 완성하고 공존을 위한 생태공간 관리계획을 근거를 들어 설명하나 근거의 합리성이 조금 부족하다.	생태공간을 완성하는 데 협력적인 태도가 조금 부족하고, 완성된 생태공간의 관리계획을 세웠으나 공존을 위한 계획인지에 대한 근거가 부족하다.	생태공간을 완성하는 데 협력적인 태도가 보이지 않으며, 완성된 생태공간의 관리계획을 세웠으나 공존을 위한 관리계획인지 전혀 드러나지 않는다.

교사 [ ]　학생 [ ]　[ ] 에 스스로 (v) 하세요.

적절한 때도 있다. 수행평가 외의 다양한 평가로는 '이해에 대한 비공식적 확인', '관찰과 대화', '시험과 퀴즈', '주관식 문제' 등이 있다. '이해에 대한 비공식적 확인'은 수업 일부분으로 수행되는 지속적인 평가로 관찰, 숙제 검사, 의견 말하기 등이 포함될 수 있으며, 이러한 평가는 피드백을 제공하지만, 교사가 채점하거나 등급을 매기지 않는다. '관찰'은 질문지법이나 평정법에 따라 측정할 수 없는 행동 변화에 대한 자료를 얻는 방법이며, '대화'는 질문에 따른 응답을 평가하는 방식으로 이루어질 수 있다. '시험과 퀴즈'는 객관식 평가이자 전통적인 평가 방법으로 자주 활용되며, 주관식은 서술, 논술형을 의미하는 경우가 많다. 이때 자유로운 반응을 평가할 수 있으며, 고등정신 능력을 측정할 수 있다.

이 외에 최근에 더욱더 강조되는 '자기평가'는 내용에 대한 자기평가 및 반성과 메타인지 평가 모두를 포함한다. 대개 내용 평가는 학생들에게 채점기준(루브릭)이나 체크리스트와 같은 준거를 주어 과제를 수행하는 동안 그리고 과제가 끝난 후에 스스로 내용에 대한 이해 정도를 평가하도록 한다. 그리고 내용에 대한 이해도를 평가함과 동시에 학생들이 어떠한 사고과정을 거쳤으며, 학습자로서 자신의 학습을 평가하고, 얼마나 성장했는지 인식하고 반성하는 기회를 주어야 한다. 특히 간학문적 평가는 사고의 통합을 강조하기에 어떠한 사고의 변화를 거쳤는지 스스로 돌아보는 과정이 필요하다고 할 수 있다.

수행평가 이외에 다양한 방법을 활용하여 평가할 수 있는데, 수업 과정 중의 식물 조사보고서, 학습지, 배움공책, 학습일지, 서술형 평가, 상호평가와 자기평가가 이루어질 수 있다.

- ~에 대해 진정으로 이해하고 있는 것은 무엇인가?
- ~에 대해 여전히 가진 질문이나 확실하지 않은 것은 무엇인가?
- ~에서 가장 효과적인 것은 무엇이었는가?
- ~에서 가장 덜 효과적인 것은 무엇이었는가?
- 다음에는 무엇을 다르게 할 것인가?
- 가장 자랑스러운 점은 무엇인가?
- ~가 어느 정도 어려웠는가?
- ~에서 너의 강점은 무엇인가?
- ~에서 너의 부족한 점은 무엇인가?
- 주어진 시간 동안 너의 실력은 어느 정도 향상되었는가?
- 추가로 필요한 활동이 있다면? 등

출처: Tomlinson, C. A. & McTighe, J.(2006), 김경자·온정덕·장수빈 옮김(2013).

그 외의 평가

- 퀴즈: 준비도 확인을 위한 퀴즈, 주제별 내용의 이해 정도 확인을 위한 퀴즈
- 관찰: 수업 중 면담, 학생들의 수행과정에 대한 관찰
- 학습 결과물: 조사보고서, 학습지, 배움공책(학습일지)
- 상호평가: 평가 준거에 따른 체크리스트를 통해 반 학생들과 상호평가 실시

자기 평가

- 학습활동: 학습자로서 성장 정도를 수직선에 나타내고, 자신의 오늘 학습을 성찰하는 짧은 글쓰기
- 수행과제: 자신이 만들어 낸 수행 결과물을 평가 준거에 따라 스스로 평가
- 단원 전체: 전체 단원에 대한 자신의 학습 성찰

[2단계] 이해의 다양한 증거

증거

수행평가과제요소(GRASPS)

목표(G)	환경을 고려한 생태공간 제안하기
역할(R)	생태공간 어린이 제안가
청중(A)	○○초 4학년
상황(S)	우리가 사는 지역은 생태계가 파괴되어 생태공간이 부족한 상황이다. 이런 지역 문제를 해결하기 위해 지역(학교/마을)의 공간을 생태공간으로 바꾸어야 한다.
결과물(P)	설계안
준거(S)	설계안은 글과 그림으로 표현되어야 하며 다음과 같은 내용이 포함되어야 합니다. • 생태공간 설계 의도와 필요성 • 환경과 어울리는 식물 구성을 포함한 배치도와 그에 대한 설명 • 공존을 위한 생태공간 관리방안

설명하기	○	해석하기	○	적용하기	○	관점가지기		공감하기	○	자기지식가지기	

단계 평가 요소	매우 잘함	잘함	보통	노력 요함
문제 인식	생태공간이 필요한 장소를 찾고, 왜 생태공간이 필요한지에 대한 이유를 지역(학교/마을)의 특성과 연결하여 설명할 수 있다.	생태공간이 필요한 장소를 찾고, 왜 생태공간이 필요한지에 대한 이유를 지역의 특성과 연결하여 설명하나 근거가 부족하다.	생태공간이 필요한 장소를 찾고, 왜 생태공간이 필요한지에 대한 이유를 설명하나 지역의 특성과 연결하지 못한다.	생태공간이 필요한 장소를 찾지 못하거나, 찾더라도 생태공간이 필요한 이유에 관해 설명하지 못한다.

자료 수집 및 분석	생태공간을 조성할 환경을 다각도로 분석하고, 환경에 맞는 식물에 대한 자료를 수집하여 생태공간 조성을 위한 식물을 적절하게 선정할 수 있다.	생태공간을 조성할 환경을 분석하고, 환경에 맞는 식물에 대한 자료를 수집하여 생태공간 조성을 위한 식물을 선정할 수 있다.	생태공간을 조성할 환경을 분석하고, 환경에 맞는 식물에 대한 자료를 수집하였으나, 생태공간 조성을 위한 식물을 적절하게 선정하지 못한다.	생태공간을 조성할 환경을 분석하였으나, 환경에 맞는 식물에 대한 자료를 수집하는 데 어려움을 느끼고, 생태공간 조성을 위한 식물을 선정하지 못한다.
협력 및 의사 결정	협력적 태도로 참여하여 생태공간을 완성하고 공존을 위한 관리계획을 근거를 들어 설명한다.	협력적 태도로 참여하여 생태공간을 완성하고 공존을 위한 생태공간 관리계획을 근거를 들어 설명하나 근거의 합리성이 조금 부족하다.	생태공간을 완성하는 데 협력적인 태도가 조금 부족하고, 완성된 생태공간의 관리계획을 세웠으나 공존을 위한 계획인지에 대한 근거가 부족하다.	생태공간을 완성하는 데 협력적인 태도가 보이지 않으며, 완성된 생태공간의 관리계획을 세웠으나 공존을 위한 관리계획인지 전혀 드러나지 않는다.

교사 ▢ 학생 ▢ ▢ 에 스스로 (v) 하세요.

그 외의 평가
- 퀴즈: 준비도 확인을 위한 퀴즈, 주제별 내용의 이해 정도 확인을 위한 퀴즈
- 관찰: 수업 중 면담, 학생들의 수행과정에 대한 관찰
- 학습 결과물: 조사보고서, 학습지, 배움공책(학습일지)
- 상호평가: 평가 준거에 따른 체크리스트를 통해 반 학생들과 상호평가 실시

자기평가
- 학습활동: 학습자로서 성장 정도를 수직선에 나타내고, 자신의 오늘 학습을 성찰하는 짧은 글쓰기
- 수행과제: 자신이 만들어 낸 수행 결과물을 평가 준거에 따라 스스로 평가
- 단원 전체: 전체 단원에 대한 자신의 학습 성찰

3.
이해중심 통합단원 설계 3단계, 어떻게 계획할 것인가?

KDB 간학문적 학습 계획

이해중심 통합단원의 학습경험을 고안하기 위해서는 전체적인 개발 과정을 다시 생각할 필요가 있다. 제일 먼저 교육과정을 도해하고, 스캔과 클러스터를 한 후 탐색망을 개발하고 통합접근 방법을 결정하고 KDB를 추출하고 KDB 우산을 만들었다. 그리고 이를 기반으로 핵심질문을 개발하고 간학문적인 수행평가를 개발한 후 마지막으로 간학문적인 학습활동을 계획하게 된다. 학습활동이 가장 마지막이므로 성공적으로 학습활동을 개발하기 위해서는 교육과정 도해에서부터 학습활동 개발에 이르기까지 일관성 있게 이루어져야 한다. 즉 학습활동도 KDB에 기반해서, KDB에서 추출한 것들을 습득할 수 있도록 학습활동이 개발되어야 한다. 즉 KDB와 핵심질문, 수행평가과제를 모두 펼쳐 놓고 KDB와 학생들이 핵심질문에 답할 수 있도록 도움을 주는 수행평가과제를 포함하는 학습경험을 창안해야 한다.

다음은 관련된 교과들을 '공존'이라는 개념을 중심으로 학습활동의 흐름을 만들어 본 것이다.

- 핵심질문-지역의 환경은 식물에 어떤 영향을 주는가?
  (K-생태, 상호의존 D-문제인식하기, 자료수집하기 B-생태 감수성, 책임감 있는 행동)
  지역사회의 문제로 도시개발로 인한 환경파괴의 사례를 조사하여 생태계 파괴의 심각성에 대한 문제를 인식하고 생태계 파괴의 다양한 원인을 분석해 보는 사회과와 과학과의 내용이 포함된 학습활동이 가능하다.

- 핵심질문-생태계 파괴는 어떤 결과를 가져오는가?
  (K-생태, 상호의존 D-자료수집하기 B-생태 감수성, 책임감 있는 행동)
  인간의 선택과 결정이 생태계에 어떤 영향을 주고, 어떤 결과를 초래하는지를 확인하고 인간과 자연의 상호의존 관계에 대해 생각해 보는 과학과 도덕의 내용이 포함된 학습활동이 가능하다.

- 핵심질문-지역의 환경 문제를 해결하기 위해 어떤 노력이 필요한가?
  (K-공존, D-문제해결하기, 의사결정하기, B-생태 감수성, 책임감 있는 행동)
  식물과 환경의 관계, 인간의 책임감 있는 행동에 대한 인식을 바탕으로 지역사회의 공간을 생태공간으로 바꾸는 수행과제를 통해 문제해결하기 기능을 활용하는 도덕, 사회, 과학의 내용이 포함된 학습활동이 가능하다. 또한 공존을 위한 생태공간 관리계획을 세우면서 책임감 있는 행동의 필요성을 느끼고, 협력하기, 의사결정하기(도덕, 사회) 기능을 기를 수 있으며 국어과의 정보 전달과 근거를 들어 설득하는 글쓰기가 종합적으로 가능하다.

간학문적 학습경험 역시 백워드 설계에서의 학습활동과 마찬가지로 WHERETO를 활용하는 것이 유용하다. WHERETO는 학생들이 단원의 궁극적인 목표와 방향이 무엇인지, 왜 그것을 배우는지 알 수 있도록 안내해야 하고(Where, Why), 관심을 집중시키며(Hook), 과제 수행에 필요한 지식과 경험, 도구, 노하우 등을 갖추게 하고(Equip, Enable), 핵심 아이디어들을 다시 생각해 보고 반성하고 수정(Rethink, Reflect, Revise)하게 하고, 스스로의 진보를 평가할 수 있는 기회를 제공하고(Evaluate), 학생 개개인의 강점, 재능, 흥미에 적합한 방식으로 차별화하고(Tailored), 깊이 있는 이해를 최적화할 수 있도록 조직(Organize)하는 것이다.^{김경자·온정덕·이경진, 2019: 304} 다음은 3단계 템플릿에 따라 간단하게 계획해 본 것이다. 원래의 템플릿에서는 평가 항목이 없지만 평가가 학습의 전 과정에 통합되어 있음을 보여 주기 위해서 기존의 템플릿에 평가 항목을 추가하였다.

[3단계] 학습 계획

차시	학습활동	평가	WHERETO
1~2	• 학습자 특성 파악하기 　- KWL 차트로 출발점 행동 진단 • 핵심질문, 수행과제 확인하고 학습활동 안내하기	KWL 평가	W H
3~8	핵심질문 지역의 환경은 식물에 어떤 영향을 주는가? • 환경에 따른 식물 조사하기(식물 서식지와 종류) 　- 자신이 선택한 주제 발표, 환경에 따라 식물의 　　종류가 왜 다른지, 식물 생존을 위한 환경 구성 　　방안 이야기 나누기 　- 환경에 따른 다양한 식물의 종류에 대한 퀴즈 　　풀기 • 우리 지역의 환경 문제를 조사하고 생태공간으로 　바꿀 장소 선정하기(생태공간의 필요성) 　- 인터넷 검색 및 현장답사 등	조사 보고서 퀴즈	E1 E2 T
9~14	핵심질문 생태계 파괴는 어떤 결과를 가져오는가? • 생태계 파괴로 인한 결과를 조사하고, 원인 분석 　하기 　- 조사한 환경 문제 사례들을 비슷한 사례로 모 　　아 분류해 보기 　- 원인을 분석하고 인간이 환경에 어떤 영향을 　　주는지 탐색하기 • 인간의 선택과 결정의 중요성과 인간과 자연의 상 　호의존 관계에 대해 학습하기 • 생태공간에 어울리는 식물을 선정하여 협력하여 　생태공간 설계안 완성하기 　- 장소에 어울리는 식물, 시설 등 선정하고 배치 　　하기	학습지 자기평가	E1 E2 R
14-16	핵심질문 지역의 환경 문제를 해결하기 위해 어떤 노 력이 필요한가? • 생태공간이 지속가능하도록 관리계획 세우기 　- 지속가능한 생태공간의 조건 떠올려 보기 　- 근거를 들어 설명하기	퀴즈 배움노트 자기평가 학습지	E1 E2 R
17-18	• 수행과제 발표 공유하기	수행평가 결과물	E2

W	H	E1	R	E2	T	O
Where Why What	Hook Hold	Explore Enable Equip	Reflect Rethink Revise	Evaluate Exhibit	Tailored	Organize sequence
목표 제시 및 필요성 안내	관심 집중 및 동기유발	수행을 위한 지식 및 기능 습득	학습자 반성 및 재점검	과제 발표 및 평가	학생 개인의 필요와 요구 반영	수업 내용 조직 및 계열화

3부

다학문적 통합단원 실제

나를 어떻게 표현할까?

1.
다학문적 통합단원 어떻게 설계할까?

왜 다학문적 통합교육과정인가?

이해중심수업을 만난 이후 다양한 수업을 설계하고 실천하게 되었다. 이해중심 교육과정은 한 교과의 한 단원을 설계할 때도 깊이 있는 탐구가 이루어질 수 있어서 좋았고, 여러 교과의 통합단원을 설계할 때도 이해와 전이가 잘 일어나서 의미가 있었다. 개인적으로 '동시콘서트'와 '동시랜드' 같은 국어, 음악, 미술의 통합단원을 설계해 시가 피어나는 교실을 여러 해 동안 운영하면서 예술 교과와 감상 수업에 관심을 가지게 되었다. 그러다 보니 예술 교과의 감상 수업들은 탐구의 과정보다는 주로 활동과 흥미 위주로 진행이 되는 경우가 많고, 교과 본래의 감상 기능이 조금 등한시되어 왔던 것이 보이기 시작하였다.

감상 학습도 고유한 탐구의 과정이 있으며 기능이 분명히 존재한다. 각 예술 교과들의 감상 성취기준을 분석해 보면 공통점을 발견하게 되는데 먼저 작품을 감상하고, 생각과 느낌을 표현하며, 각자의 다양한 생각을 수용하는 태도를 기른다는 것이다. 따라서 국어과의 문학(시) 감상 영역, 음악과의 감상 영역, 미술과의 감상 영역을 지도할 때에 교과 간의 경계를 허물지 않으면서 한 교과에서 배운 기능과 내용을 다른 교과에서 연결 짓는 다학문적 통합으로 접근한다면 학생들은 개별 교과의 감상 학습 기능을 익힘과 동시에 다른 교과의 감상 학습에 대한 전이가 일어나는 것을 경험하게 될 것이다.

심미의 렌즈로 바라본 나는 누구인가?

이 단원에서는 통합을 위한 조직자를 '심미審美'로 보고 예술 작품을 통해서 아름다움을 느끼고 그 아름다움의 렌즈로 나 자신을 돌아보는 기회를 가질 수 있도록 설계하였다. 4학년은 사춘기에 접어들면서 자신에 대해 고민하기 시작하고 나와 주변을 둘러싸고 있는 것들에 대한 갈등이 시작되는 시기이다. 이런 학생들에게 예술로 나를 표현해 봄으로써 아름다운 시선으로 나를 탐색하는 경험을 가지게 하고 싶었다. 나는 누구인가? 나를 예술로 표현할 수 있을까? 나를 예술로 표현하면 무엇이 좋을지에 대해서 계속 질문하면서, 다른 예술가들의 작품을 통해 자신을 심미적인 예술의 눈으로 바라보며, 아름답고 긍정적으로 표현하는 기회를 가질 수 있도록 하였다. 따라서 예술의 많은 표현 주제 중에서도 될 수 있으면 인물이나 대상을 표현한 작품으로 감상할 수 있도록 하고, 그 안에서 서로의 생각과 느낌은 모두 다름을 인정하면서 나 자신만이 아닌 다른 사람을 향한 이해의 눈도 깊어지는 수업이 될 수 있기를 기대하였다.

이해중심 교육과정을 기반으로 단원을 설계하였고 학습을 위한 평가assessment for learning와 함께 학습으로의 평가assessment as learning 에도 초점을 두었으며 질문 만들기를 통한 탐구와 자기평가의 확장으로 수업을 진행하였다. 코로나로 인한 온라인 수업을 통해 향상된 온라인 기반 학습을 도입해서 AI 작곡 앱, 패들렛과 같은 협업 프로그램을 통한 공유와 소통의 확대를 가지고자 하였고, 시집과 명화, 음악 관련 도서를 활용한 수업으로 온라인과 오프라인의 다양한 학습 방법을 익히도록 하였다. 또한 탐구의 흐름을 교과 고유의 기능과 연결하여 감상-표현-소통의 탐구과정을 거치면서 개별 교과 고유의 감상 학습에서 기를 수 있는 기능을 익힐 수 있도록 하였다.

국어(시), 음악, 미술 교과의 감상 학습 통합을 위한 조직자와 탐색 망은 다음과 같다.

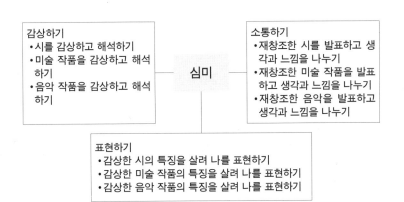

설계안. 나를 어떻게 표현할까(4학년 1학기)

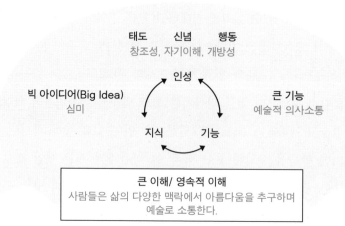

태도　신념　행동
창조성, 자기이해, 개방성

빅 아이디어(Big Idea)
심미

인성

큰 기능
예술적 의사소통

지식　기능

큰 이해/ 영속적 이해
사람들은 삶의 다양한 맥락에서 아름다움을 추구하며
예술로 소통한다.

주제:
예술로 소통하기

국어	음악	미술
영속적 이해: 사람들은 시로 자신을 표현한다.	영속적 이해: 사람들은 음악으로 자신을 표현한다.	영속적 이해: 사람들은 미술로 자신을 표현한다.
빅 아이디어: 시적 아름다움	빅 아이디어: 음악적 아름다움	빅 아이디어: 미적 아름다움
기능: 시의 감상, 재창조	기능: 음악 작품의 감상, 재창조	기능: 미술 작품의 감상, 재창조
수행평가: 나를 시로 표현하기	수행평가: 나를 음악으로 표현하기	수행평가: 나를 미술로 표현하기
핵심질문: 시로 나를 어떻게 표현할까?	핵심질문: 음악으로 나를 어떻게 표현할까?	핵심질문: 미술로 나를 어떻게 표현할끼?

관련 성취기준	전이(Transfer-T)			
	• 다른 사람들과 예술적 표현으로 소통할 수 있을 것이다.			
	의미(Meaning-M)			
	큰 이해/ 영속적 이해		핵심질문	
[4국05-04] 작품을 듣거나 읽거나 보고 떠오른 느낌과 생각을 다양하게 표현한다. [4음02-02] 상황이나 이야기 등을 표현한 음악을 듣고 느낌을 발표한다. [4음02-01] 3~4학년 수준의 음악 요소와 개념을 구별하여 표현한다. [4미03-03] 미술 작품에 대한 자신의 느낌과 생각을 발표하고, 그 이유를 설명할 수 있다. [4미01-02] 주변 대상을 탐색하여 자신의 느낌과 생각을 다양한 방법으로 나타낼 수 있다.	포괄적 수준 • 사람들은 삶의 다양한 맥락에서 아름다움을 추구하며 예술로 소통한다.		포괄적 수준 • 사람들은 어떻게 예술로 소통하는가?	
	단원 수준 • 시, 미술, 음악 작품은 다양하게 해석되고 재창조된다. • 나의 생각과 느낌은 문학적, 시각적, 음악적 작품으로 표현된다.		단원 수준 • 예술 작품은 어떻게 만들어지는가? • 예술 작품은 어떻게 이해할까? • 나를 예술로 어떻게 표현할까?	
	습득(Acquisition-A)			
	지식		기능	인성
	개념적 지식 • 감상 • 비평	사실적 지식 • 시의 소재 • 음악 요소 • 조형 요소	• 해석하기 • 반응하기 • 재창조하기	• 창조성 • 자기이해 • 개방성

[2단계] 이해의 다양한 증거

증거

수행평가과제요소(GRASPS)

목표(G)	나를 시와 음악과 미술로 표현하기
역할(R)	사람책의 작가
청중(A)	독자
상황(S)	'예술에 나를 담다' 학급 사람책 사전 발표회
결과물(P)	나를 표현한 예술 작품이 들어간 책 발표 자료
준거(S)	1. 시(인물, 대상 표현), 음악(인물, 대상, 이야기 표현), 미술 작품(인물, 대상 표현)의 세 분야로 나를 표현하기 2. 기존 예술가들의 작품을 감상하고 특징을 해석한 후 그 특징들을 활용하여 표현하기 3. 다른 사람들과 작품의 창작과정을 서로 나누기

설명 하기	○	해석 하기	○	적용 하기	○	관점 가지기		공감 하기	○	자기지식 가지기	

그 외의 평가
- '알아야 할 것', '할 수 있는 것'의 평가: 학습 내용 중에서 알아야 할 것과 할 수 있어야 할 것을 제시하여 평가할 것이다.
- 상호평가: 학습 과정과 결과 공유 프로그램(패들렛) 댓글 달기를 통해 반 학생들과 상호평가하며 그 결과를 피드백할 것이다.

자기평가
- 수행과제: 학생들은 자신들이 만들어 낸 수행의 결과물들을 채점기준에 따라 스스로 평가할 것이다.
- 학습 질문: 공책에 학생들이 학습 내용에 관한 질문을 스스로 만들어 답할 것이다.
- 자기학습평가 질문: 학생이 자신의 학습 평가자가 되어 학습 성장의 정도를 공책에 차시마다 평가할 것이다.
- 단원 전체에 대한 자신의 학습을 성찰할 것이다.

수행평가과제-예술에 나를 담다 사람책 출판하기(시나리오)

우리 학교에서는 해마다 나만의 책을 출판하고 있습니다. 우리 학급에서는 올해 '예술에 나를 담다'라는 주제가 있는 사람책을 출판하려고 합니다. 많은 예술의 종류가 있지만, 이 책에서는 시와 음악과 미술로 나를 표현하려고 합니다. 여러분은 기존 예술가들의 시(인물, 대상 표현), 음악(상황이나 이야기, 인물 표현), 미술 작품(인물, 대상 표현)을 찾아 감상하고 그 작품들의 작가와 표현 특징(주제, 표현 방법, 조형 요소, 음악 요소 등)을 해석한 후 그 작품에 나타난 특징들을 활용하여 여러분의 생각과 느낌을 표현하는 시와 음악과 미술 작품을 완성해야 합니다. 기존의 작품과 똑같은 기법이나 재료를 활용해도 되고, 기존 작품과 비슷한 주제나 아이디어를 가지고 작품을 만들어도 됩니다.

작품이 완성되면 출판 전에 사전 발표회를 개최하게 되며 여러분은 독자들과의 만남을 통해 여러분 작품의 창작 과정을 소개하고 공개하며 느낌과 생각을 나눕니다. 이 과정을 거쳐서 완성한 작품들은 원작과 함께 사람책에 실리게 되며 이 책은 여러분 주변의 독자들에게 읽히게 될 것입니다.

*나: 나 자신과 나를 둘러싸고 있는 나와 관련된 인물이나 대상(예: 나, 나의 마음, 나의 생각과 느낌, 나의 친구, 나의 가족, 나의 주변에 있는 나와 연결된 모든 것 등)

채점기준(루브릭)

평가 요소	기준	시	미술 작품	음악 작품
작품 감상하기	상	인물, 대상을 표현한 시를 찾아 감상하고 작가와 표현 특징을 해석할 수 있다.	인물이나 대상을 표현한 미술 작품을 찾아 감상하고 미술가와 표현 특징을 해석할 수 있다.	상황이나 이야기가 있는 음악을 찾아 음악가와 표현 특징을 해석할 수 있다.
	중	인물, 대상을 표현한 시를 찾아 읽을 수 있다.	인물이나 대상을 표현한 미술 작품을 찾아 감상할 수 있다.	상황이나 이야기가 있는 음악을 찾아 들을 수 있다.
	하	시를 읽을 수 있다.	미술 작품을 감상할 수 있다.	음악 작품을 감상할 수 있다.
표현하기	상	감상한 시의 특징을 살려 나를 표현한 시를 재창조할 수 있다.	감상한 미술 작품의 특징을 살려 나를 표현한 미술 작품을 재창조할 수 있다.	감상한 음악의 특징을 살려 나를 표현한 음악을 재창조할 수 있다.
	중	시를 감상하고 나를 표현한 시를 쓸 수 있다.	미술 작품을 감상하고 나를 표현한 미술 작품을 만들 수 있다.	음악을 감상하고 나를 표현한 음악을 만들 수 있다.
	하	시를 감상하고 시를 쓸 수 있다.	미술 작품을 감상하고 미술 작품을 만들 수 있다.	음악을 감상하고 음악을 만들 수 있다.
소통하기	상	내가 쓴 시를 발표하고 다른 친구의 시를 보며 생각과 느낌을 서로 교환할 수 있다.	내가 만든 미술 작품을 소개하고 다른 친구의 작품을 보며 생각과 느낌을 서로 교환할 수 있다.	내가 만든 음악을 들려주고 다른 친구의 음악을 들으며 생각과 느낌을 서로 교환할 수 있다.
	중	내가 쓴 시를 발표하며 생각과 느낌을 발표할 수 있다.	내가 만든 미술 작품을 소개하며 생각과 느낌을 발표할 수 있다.	내가 만든 음악을 들려주며 생각과 느낌을 발표할 수 있다.
	하	내가 쓴 시를 발표할 수 있다.	내가 만든 미술 작품을 소개할 수 있다.	내가 만든 음악을 소개할 수 있다.

[3단계] 학습 계획

	국어(6시간)	미술(9시간)	음악(9시간)	자료
4월 22일 음악 1시간			전체 도입 시나리오 핵심질문 수행과제	고양이 (《피터와 늑대》/ 고양이 시/ 동양 고양이 도자기)
4월 23일 미술 2시간 음악 1시간		전체: 미술의 종류/ 다양한 분야/미술가 전체: 미술가와 표현 방법 특징 알아보기	전체: 이야기와 상황이 있는 음악 작품 감상	
4월 29일 국어 1시간 음악 1시간	전체: 다양한 시 읽기		전체: 작가와 표 현 방법 특징 알 아보기	시집 빌려오기
4월 30일 미술 1시간		전체: 느낌 표현하 는 방법 알기		
5월 6일 국어 2시간 음악 1시간	전체: 작가와 표현 방법 특징 알아보기 전체: 느낌 표현하 는 방법 알기		AI 작곡 앱 기능 익히기, QR코드 만들기	시집/동시 자료집 핸드폰/ 태블릿
5월 7일 미술 2시간 국어 1시간	한 가지 시를 정해 재창조하기	작품 감상하기 한 가지 작품을 정 해 재창조하기		
5월 10일 음악 1시간			한 가지 작품을 정해 재창조하기	
5월 11일 미술 2시간		한 가지 작품을 정 해 재창조하기		
5월 13일 국어 2시간 음악 1시간	국어 자료 올리기 소개 자료 작성하기		음악 자료 올리기	QR코드/ 작곡 앱
5월 14일 미술 2시간 음악 1시간		미술 자료 올리기 소개 자료 작성하기	소개 자료 작성 하기	패들렛
5월 18일 음악 1시간			사진 체직빌표회	
5월 20일 음악 1시간			피드백 및 전체 성찰	

차시		학습활동	평가	WHER ETO
		• 진단 평가를 활용하여 선행 지식과 기능 수준, 오개념 파악하기	KWL	T
(국어/ 음악/ 미술)	단원 도입	• 동기유발: 예술가 파티에서 고양이를 본 예술가들(⟪피터와 늑대⟫ 작곡/ 고양이 시/ 동양 고양이 도자기) • 단원, 수행과제, 핵심질문 제시 핵심질문 예술 작품(시, 음악, 미술)은 어떻게 이해할까? 핵심질문 나의 생각과 느낌을 예술(시각적, 음악적, 문학적)로 어떻게 표현할까? • 『내 마음이 들리니?』 책 읽기 • 시, 음악, 미술 관련 책 소개 • 학습 계획 세우기	• 탐구질문, 자기학습 평가 질문 만들기/질문에 답하기(매 차시 질문 공책) • 패들렛: 이해하지 못한 것을 질문하는 게시판 개설	W H
국어 1	감상	핵심질문 예술 작품(시)은 어떻게 이해할까? • 개별: 각자 다양한 시집 읽기(작가가 한 명인 시집) • 내 마음에 들어온 시 고르기 • 생각이나 느낌 쓰고 발표하기	• 시를 읽고 생각이나 느낌을 글로 나타내시오. • 이 시에 어울리는 악기를 쓰고 이유를 쓰시오.	E1 T
국어 2	감상	• 전체: 공통 시 읽기, 작가와 표현 방법, 특징 알아보기 • 시 분석하기-해석하기-질문 만들기-서로 나누기	• 시와 줄글의 차이점은 무엇인가? • 다음 시는 무엇을 주제로 쓴 것일까? 어울리는 제목을 붙이고 이유를 쓰시오.	E1
국어 3	표현	• 전체: 표현하는 다양한 방법 알기		E1
국어 4	표현	핵심질문 나의 생각과 느낌을 예술(문학적)로 어떻게 표현할까? • 개별: 한 가지 시를 선택해서 나의 생각과 느낌을 표현하는 시로 재창조하기	• 작가는 이 시를 왜 썼을까? 나라면 어떻게 바꾸고 싶은가? 그 이유는? • 나를 물건으로 표현한다면 무엇이고 그 이유는?	E2 T
국어 5	표현	• 시 올리기(패들렛) • 소개 자료 작성하기 – 기존 작품과 자신의 작품 특징 소개하기	• 수행평가과제	E1 E2
국어 6	소통	• 소개 자료 작성하기 – 기존 작품과 자신의 작품 특징 소개하기	• 수행평가과제 • 상호평가: 패들렛에 댓글 달기	E1 E2 R

미술 1	감상	핵심질문 예술 작품(미술)은 어떻게 이해할까? • 전체: 미술의 종류/다양한 분야/미술가 감상하기 • 그림 분석하기-해석하기-질문 만들기-서로 나누기	• 미술의 분야는 어떤 종류가 있는가? • 다음 미술 작품의 종류는? • 이 작품에 포함된 선, 형, 색의 특징은 어떠하고, 어떤 재료를 사용했나요?	E1
미술 2	감상	• 전체: 미술가와 표현 방법 특징 알아보기	• 다음 미술 작품들을 같은 종류끼리 분류해 보시오.	E1
미술 3	표현	• 전체: 느낌 표현하는 방법 알기	• 다음 그림을 보고 표현하고 싶은 악기를 쓰고 이유를 쓰시오.	E1
미술 4	감상	• 개별 작품 감상하기	• 작품 속 인물의 이야기 상상하기(이 그림은 어떤 장면인가요? 무슨 소리가 날까요? 이 시대 사람들의 생활 모습은 어떠했을까?) • 나는 무슨 색일까? 그 이유는 무엇인가?	E1 T
미술 5-7	표현	핵심질문 나의 생각과 느낌을 예술(시각적)로 어떻게 표현할까? • 한 가지 미술 작품을 선택해서 나의 생각과 느낌을 표현하는 미술 작품으로 재창조하기	• 작가는 왜 이 그림을 그렸을까? 나라면 어떤 조형 요소를 바꾸고 싶은가? 그 이유는 무엇인가?	E1 T
미술 8	소통	• 미술 작품 올리기(패들렛) – 작품 사진 파일 • 소개 자료 작성하기 – 기존 작품과 자신의 작품 특징 소개하기	• 수행평가과제	E1 E2
미술 9	소통	• 소개 자료 작성하기 – 기존 작품과 자신의 작품 특징 소개하기	• 수행평가과제 • 상호평가: 패들렛에 댓글달기	E1 E2 R
음악 1	감상	핵심질문 예술 작품(음악)은 어떻게 이해할까? • 전체 도입: 이야기와 상황이 있는 음악 작품 소개 – 〈피터와 늑대〉, 〈전람회의 그림〉, 〈백조의 호수〉, 〈장난감 교향곡〉 등	• 〈피터와 늑대〉 음악의 주인공과 악기를 쓰시오. • 이 음악의 줄거리는? • 이 음악은 어떤 인물인가?	E1

음악 2	감상	• 전체: 작가와 표현 방법(악기의 종류 등) 알아보기-인물을 표현하기 위한 악기 알아보기/ 느낌 표현하는 다양한 방법 알아보기	• 다음 음악을 듣고 곡 제목과 작가를 쓰시오. • 음악의 구성 요소는 무엇이 있는가?	E1
음악 3	표현	핵심질문 나의 생각과 느낌을 예술(음악적)로 어떻게 표현할까? • 음악 작곡 방법 익히기: 리듬 반주, 작곡 앱 이용 방법, QR코드 생성 방법 배우기		E1
음악 4	표현	• 개별: 한 가지 음악을 선택해서 나의 생각과 느낌을 표현하는 음악 작품으로 재창조하기	• 작가는 이 음악을 왜 만들었을까? 나라면 어떤 음악 요소를 바꾸고 싶은가? 그 이유는? • 나를 표현하는 데 어울리는 악기는 무엇인가? 그 이유는?	E1 T
음악 5	소통	• 음악 작품 올리기(패들렛) – 악보나 음원 파일 • 소개 자료 작성하기 – 기존 작품과 자신의 작품 특징 소개하기	• 수행평가과제	E1 E2
음악 6	소통	• 소개 자료 작성하기 – 기존 작품과 자신의 작품 특징 소개하기	• 수행평가과제 • 상호평가: 패들렛에 댓글 달기	E1 E2 R
국어/ 음악/ 미술	수행 과제	• '예술에 나를 담다' 책 사전 발표회	• 상호평가: 패들렛에 댓글 달기 • 자기평가: 채점기준	E2
국어/ 음악/ 미술	성찰	• 사후 설문지 작성 • 자기평가 및 성찰	• 자기평가: 성찰일지	E2 R

W	H	E1	R	E2	T	O
Where Why What	Hook Hold	Explore Enable Equip	Reflect Rethink Revise	Evaluate Exhibit	Tailored	Organize sequence
목표 제시 및 필요성 안내	관심 집중 및 동기유발	수행을 위한 지식 및 기능 습득	학습자 반성 및 재점검	과제 발표 및 평가	학생 개인의 필요와 요구 반영	수업 내용 조직 및 계열화

2.
다학문적 통합단원 어떻게 실천하는가?

무엇을 중심으로 가르칠 것인가?

예술 교과의 교육과정을 분석하여 감상, 표현, 소통의 공통적인 요소를 찾아내고 탐색망을 작성한 후 각 교과의 영속적 이해, 빅 아이디어, 기능, 수행평가, 핵심질문을 파악하고 역량을 살펴보았다. '예술로 소통하기'라는 주제를 선정하고 주제 전체를 아우르는 큰 이해/영속적 이해, 빅 아이디어, 큰 기능, 태도/신념/행동을 작성한다.

이 단원과 관련하여 교육과정에서 제시된 내용은 다음과 같다.

[4국05-04] 작품을 듣거나 읽거나 보고 떠오른 느낌과 생각을 다양하게 표현한다.
[4음02-02] 상황이나 이야기 등을 표현한 음악을 듣고 느낌을 발표한다.
[4음02-01] 3~4학년 수준의 음악 요소와 개념을 구별하여 표현한다.
[4미03-03] 미술 작품에 대한 자신의 느낌과 생각을 발표하고, 그 이유를 설명할 수 있다.
[4미01-02] 주변 대상을 탐색하여 자신의 느낌과 생각을 다양한 방법으로 나타낼 수 있다.

핵심 개념	일반화된 지식	학년(군)별 내용 요소					기능
		초등학교			중학교	고등학교	
		1-2학년	3-4학년	5-6학년	1-3학년	1학년	
• 문학의 수용과 생산 • 작품의 내용·형식·표현 • 작품의 맥락 • 작가와 독자	문학은 다양한 맥락을 바탕으로 하여 작가와 독자가 창의적으로 작품을 생산하고 수용하는 활동이다.	• 작품 낭독·감상 • 작품 속 인물의 상상 • 말놀이와 말의 재미 • 일상생활에서 겪은 일의 표현	• 감각적 표현 • 인물, 사건, 배경 • 이어질 내용의 상상 • 작품에 대한 생각과 느낌 표현	• 작품 속 세계와 현실 세계의 비교 • 비유적 표현의 특성과 효과 • 일상 경험의 극화 • 작품의 이해와 소통	• 비유, 상징의 효과 • 갈등의 진행과 해결 과정 • 보는 이, 말하는 이의 관점 • 작품의 사회문화적 배경 • 작품의 현대적 의미 • 작품 해석의 다양성 • 재구성된 작품의 변화 양상 • 개성적 발상화 표현	• 갈래 특성에 따른 형상화 방법 • 다양한 사회문화적 가치 • 시대별 대표작	몰입하기 이해·해석하기 감상·비평하기 성찰·향유하기 모방·창작하기 공유·소통하기 점검·조정하기

영역	핵심 개념	일반화된 지식	내용 요소		기능
			3-4학년	5-6학년	
감상	• 음악 요소와 개념 • 음악의 종류 • 음악의 배경	다양한 음악을 듣고 음악 요소와 개념, 음악의 종류와 배경을 파악하여 음악을 이해하고 비평한다.	3~4학년 수준의 음악 요소와 개념	5~6학년 수준의 음악 요소와 개념	구별하기 표현하기 발표하기
			상황이나 이야기 등을 표현한 음악	다양한 문화권의 음악	

영역	핵심 개념	일반화된 지식	내용 요소		기능
			3-4학년	5-6학년	
감상	이해	미술 작품은 시대와 지역의 배경을 반영하고 있어 미술 작품에 대한 이해는 시대적 변천, 맥락 등을 바탕으로 작품의 특징을 파악하는 활동으로 이루어진다.	작품과 미술가	작품과 배경	이해하기 설명하기 비교하기 분석하기 존중하기
	비평	미술 작품이 가치 판단은 다양한 관점과 방법을 활용한 비평 활동으로 이루어진다.	작품에 대한 느낌과 생각 감상 태도	작품의 내용과 형식 감상 방법	

이를 바탕으로 종합하여 '사람은 삶의 다양한 맥락에서 아름다움을 추구하며 예술로 소통한다'로 단원의 큰 이해/영속적 이해를 도출하고, '다른 사람들과 예술적 표현으로 소통할 수 있을 것이다'라는 전이 목표를 도출하였다.

또한 예술 교과의 감상 통합단원을 설계하기 전에 깊이 생각한 것은 넓고 다양한 감상 주제 중에서 학생들은 무엇을 공부하고 싶을까였다. 빈Beane, 1997은 통합교육과정이 경험의 통합, 사회적 통합, 지식의 통합을 모두 포함해야 한다고 하면서 이 세 측면에서 공통적으로 통합의 주체인 학습자를 강조하였다. 따라서 교사가 무엇을 중심으로 가르칠 것인가의 질문과 동시에 통합의 주체인 학생들은 무엇을 공부하고 싶은지를 알아보았다.

무엇을 공부할까?

먼저 학생들의 예술 교과 흥미도와 단원 학습(예술 감상 수업)의 준비도를 분석해 보았다. 시, 예술 교과 흥미도에서는 음악, 미술에 대한 궁금한 점, 예술로 표현하고 싶은 주제, 어떤 예술 공부를 하고 싶은지 물었고, 단원 학습 준비도에서는 시/음악/미술의 특징과 종류, 기억나는 작품과 작가, 내가 예술가라면? 알고 있는 것, 알고 싶은 것, 하고 싶은 것을 물었다.

학생들의 예술에 대한 궁금한 것들은 다음과 같이 다양했다.

시	음악	미술
시는 왜 만들었나요?/ 누가 가장 먼저 시를 만들었을까?/ 시는 왜 있을까?/ 시는 왜 써야 할까?/ 어떻게 시를 만들까?	음악은 왜 말로 하나요?/ 음악은 왜 있을까?/ 처음 만들어진 노래는 무엇일까?/ 음악은 정말 마음이 편해질까?/ 음악은 왜 중요할까?/ 음악은 우리에게 어떤 것을 주는가?/ 음악으로 무엇을 할 수 있나요?/ 음악은 어떻게 만들어졌을까?	가장 유명한 그림을 누가 그렸을까?/ 미술은 왜 있을까?/ 명화는 어떻게 유명해졌을까?/ 미술은 언제 생겨났을까?/ 어떻게 좋은 그림을 만들까?/ 미술은 생활에 정말 필요할까?/ 미술은 왜 필요한가?/ 그림을 어떻게 하면 잘 그릴까?/ 꼭 색연필로 색칠을 해야 하나요?/ 미술은 왜 만들기를 하나요?/

따라서 예술 감상이 단원의 주 활동이지만 이 단원을 공부하면서 예술 교과에 대한 여러 질문들을 해결해 볼 수 있도록 수업을 설계해야겠다고 생각하였다. 그래서 질문 만들기 학습을 계획하여 학생들이 각자 가지고 있는 다양한 질문들을 탐구하는 기회를 제공하기로 하였다.

학생들이 예술로 표현하고 싶은 주제들은 다음과 같았다.

시	음악	미술
나의 마음/ 친구/ 동물/ 식물/ 게임/ 자연/ 환경 변화/ 바람/ 라면	제 생각/ 자연/ 게임/ 자신/ 친구의 생각/ 친구/ 춤/ 감정/ 달	자연/ 식물/ 동물/ 친구/ 동그라미/ 나 자신/ 친구 초상화/ 게임/ 인형 만들기/ 친구 만들기/ 별

응답을 살펴보니 우리 학생들이 관심 있는 것은 결국 자신들의 삶과 주변을 둘러싸고 있는 주제들이었다. 그래서 많은 감상 주제가 있지만, 인물이나 대상으로 한정을 하고 그중에서도 나를 표현하기로 주제를 좁혀 나갔다. 하지만 〈나〉의 정의를 본인으로만 한정하지 않고,

나 자신과 나를 둘러싸고 있는 나와 관련된 인물이나 대상(예: 나, 나의 마음, 나의 생각과 느낌, 나의 친구, 나의 가족, 나의 주변에 있는 나와 연결된 모든 것 등)으로 학생 시나리오에 밝혀 주기로 하였다.

학생들이 하고 싶은 예술 공부는 다음과 같았다.

- 시, 음악, 미술을 함께 합쳐서 책으로 표현
- 예술에 관한 책 읽기
- 음악 노래 맞히기
- 그림 그리기
- 명화 살펴보기
- 나 자신을 그리기
- 자연을 노래로 표현하기
- 게임으로 음악 만들기
- 책으로 시 만들기
- 자신으로 그림 그리기
- 리코더
- 자연에 관한 시 쓰기
- 인형 만들어 옷 입히고 메이크업하기
- 핸드폰으로 그림 그리기
- 노래 가사 바꾸기
- 3D입체 그림 그리기
- 많은 음악들을 감상하며 다양한 음악, 노래 알아보기
- 음악 만들어 보기
- 피아노로 자신의 생각을 쳐서 들려주기
- 이야기를 만들어 얘기하기
- 별을 많이 그려서 소개하기
- 친구들과 〈나의 사춘기〉를 연습하기

교사는 음악 감상의 경우 재창조를 주로 악기 연주로 계획하고 있었으나 학생들은 노래에도 관심이 많아서 악기, 노래, 가사 바꾸기 등의 다양한 재창조 활동을 할 수 있도록 안내를 하기로 했다. 핸드폰이나 앱을 이용한 학습에도 관심들이 있어서 사진 앱, 그림 그리기 앱, AI 작곡 앱 등을 활용해서 학생들의 희망을 반영하였다.

그리고 감상 학습의 단원 학습 준비도를 분석해 보았다. 그 결과 그동안 시, 음악, 미술 작품을 감상할 때 구성 요소나 종류 등에 대한 구체적인 지식이 없음을 알 수 있었다. 따라서 이 단원에서는 구체적으로 시나 음악과 미술 작품을 해석하고 이해하는 과정을 거치면서 단순하고 즉흥적인 생각과 느낌에서 조금 더 나아가 구성 요소의 이해나 작가에 대한 관심까지 생각과 느낌을 키워 주고 싶었다.

음악은 교과서 수록곡과 가요, 게임 배경음악을 주로 접하였으며 시는 미술이나 음악에 비해 특별하게 작가까지 기억하는 경우는 많지 않았다. 표현해 보고 싶은 주제들은 대부분 자신이나 자신 주변과 연결되어 있는 것들이었고 시나 음악, 미술을 직접 표현하기를 원하는 학생들이 많아서 감상하고 생각과 느낌을 표현하는 과정에 재창조의 과정까지 감상 학습의 과정으로 계획하기로 하였다.

사전 분석 결과 학생들이 전반적으로 예술 작품들에 노출되는 기회가 적었고 예술 관련 수업은 그저 표현하는 것에만 익숙해져 있는 모습을 볼 수 있었다. 이에 다양한 예술 작품을 경험하고 이해를 쉽게 하도록 교실 내에 관련 책과 악기들로 환경을 구성하고 수업시간만이 아닌 자투리 시간을 활용하여 관심 있는 시, 음악, 미술을 간접 경험할 수 있도록 하였다. 또한 예술 교과도 알아야 할 지식과 기능들이 있음을 깨닫게 하고 전체 학습을 통하여 구체적인 감상의 방법들을 익힌 후 다양한 개별 감상 활동을 하도록 계획하였다.

번호	시의 특징과 종류	음악의 특징과 종류	미술의 특징과 종류	기억 나는 시와 작가	기억 나는 음악과 작가	기억 나는 미술과 작가	내가 시인이 라면?	내가 작곡가 라면?	내가 미술가 라면?	알고 있는 것	알고 싶은 것	하고 싶은 것
1				작은 별 (베토벤)			자연	나	숲속		여러 가지 시	시 만들기
2	글이 짧다	실감 난 소리, 악기	물건 으로 만들기, 그림 그리기				시로 표현	음악 으로 그림 그리기	미술로 표현 하기	특징	시는 왜 사용? 음악은 왜 필요? 미술은 왜 만들 어야 하나?	시와 음악과 미술을 합쳐 책으로 표현
3			그림	작은 별 (모차 르트)			시를 써서 이야기 하기	음악 으로 이야기 하기	그림 그려 이야기 하기	작은별	음악, 미술, 시가 왜 필요 한가?	그림 그리기, 시 쓰기, 음악 만들기

이해했다면 무엇을 할 수 있을까?

다학문적 통합 수업이지만 수행평가 과제를 과목별로 제시하기보다 한 과제 속에서 세 교과의 특성을 살릴 수 있는 과제를 고민하였다. 그러던 중 학교에서 학년 말에 학생들에게 제공하는 개인별 포토북인 사람책에 자신을 표현한 예술 작품을 넣기로 했다. 학생들이 만든 음악은 QR코드를 생성해서 책에 같이 실을 수 있었다. 따라서 '예술에 나를 담다'라는 주제로 사람책의 한 챕터를 구성하고 책으로 출판하기 전에 사전 발표회를 개최해서 작가와의 만남을 하는 것으로 학생들에게 제시할 수행평가 시나리오를 작성하였다. 사람책 사전 발표회는 학교의 자율장학 수업 공개와 연계해서 실제로 학교에 계신 선생님들이 독자가 되어 작가와의 만남을 가질 수 있도록 계획하였다.

채점기준은 교과마다 공통으로 작품을 감상하기, 표현하기, 소통하기의 평가요소를 적용해 작성하였다. 그 외의 평가는 '알아야 할 것', '할 수 있어야 할 것'을 계획하여 매 차시마다 수업 중에 학습 내용 질문으로 활용하였다. 그리고 자기평가로 동일한 질문들을 중심으로 한 '자기학습평가'를 활용하여 학생들이 학습한 것뿐만 아니라 학습 태도에 대해서도 평가해 볼 수 있도록 하였다. 학생들은 자기 공책에 스스로 학습 질문을 만들며 탐구하고 평가하였다. 또한 학습의 과정과 결과물들을 온라인으로 공유할 수 있는 패들렛 프로그램을 활용해 학생들끼리 상호평가와 피드백도 가능하도록 계획하였다.

예술에 나*를 담다 사람책 출판하기

우리 학교에서는 해마다 나만의 책을 출판하고 있습니다. 우리 학급에서는 올해 '예술에 나를 담다'라는 주제가 있는 사람책을 출판하려고 합니다. 많은 예술의 종류가 있지만, 이 책에서는 시와 음악과 미술로 나를 표현하려고 합니다. 여러분은 기존 예술가들의 시(인물, 대상 표현), 음악(상황이나 이야기, 인물 표현), 미술 작품(인물, 대상 표현)을 찾아 감상하고 그 작품들의 작가와 표현 특징(주제, 표현 방법, 조형 요소, 음악 요소 등)을 해석한 후 그 작품에 나타난 특징들을 활용하여 여러분의 생각과 느낌을 표현하는 시와 음악과 미술 작품을 완성해야 합니다. 기존의 작품과 똑같은 기법이나 재료를 활용해도 되고, 기존 작품과 비슷한 주제나 아이디어를 가지고 작품을 만들어도 됩니다.

작품이 완성되면 출판 전에 사전 발표회를 개최하게 되며 여러분은 독자들과의 만남을 통해 여러분 작품의 창작과정을 소개하고 공개하며 느낌과 생각을 나눕니다. 이 과정을 거쳐서 완성한 작품들은 원작과 함께 사람책에 실리게 되며 이 책은 여러분 주변의 독자들에게 읽히게 될 것입니다.

*나: 나 자신과 나를 둘러싸고 있는 나와 관련된 인물이나 대상(예: 나, 나의 마음, 나의 생각과 느낌, 나의 친구, 나의 가족, 나의 주변에 있는 나와 연결된 모든 것 등)

- 미술의 분야는 어떤 종류가 있는가?
- 〈피터와 늑대〉 음악의 주인공과 악기를 쓰시오.
- 음악의 구성 요소는 무엇이 있는가?
- 시와 줄글의 차이점은 무엇인가?
- 다음 미술 작품의 종류를 쓰고 표현 방법의 특징을 쓰시오.
- 이 작품에 포함된 선, 형, 색의 특징은 어떠하고 어떤 재료를 사용했나요?
- 이 음악의 줄거리는?
- 작품 속 인물의 이야기 상상하기(이 그림은 어떤 장면인가요? 무슨 소리가 날까요? 이 시대 사람들의 생활 모습은 어떠했을까?)
- 작가는 왜 이 그림을 그렸을까? 나라면 어떤 조형 요소를 바꾸고 싶은가? 그 이유는 무엇인가?
- 작가는 이 시를 왜 썼을까? 나라면 어떻게 바꾸고 싶은가? 그 이유는 무엇인가?
- 작가는 이 음악을 왜 만들었을까? 나라면 어떤 음악 요소를 바꾸고 싶은가? 그 이유는 무엇인가?

할 수 있어야 할 것

- 다음 음악을 듣고 곡 제목과 작가를 쓰시오.
- 음악을 듣고 어떤 인물인지 쓰시오.
- 다음 미술 작품들을 같은 종류끼리 분류해 보시오.
- 시를 읽고 생각이나 느낌을 글로 나타내시오.
- 다음 시는 무엇을 주제로 쓴 것일까? 어울리는 제목을 붙이고 이유를 쓰시오.
- 나는 무슨 색일까? 그 이유는 무엇인가?
- 나를 표현하는 데 어울리는 악기는 무엇인가? 그 이유는?
- 나를 물건으로 표현한다면 무엇이고 그 이유는 무엇인가?
- 이 시에 어울리는 악기를 쓰고 이유를 쓰시오.
- 다음 그림을 보고 표현하고 싶은 악기를 쓰고 이유를 쓰시오.

어떻게 사고하고 탐구할 것인가?

　드디어 단원이 시작되는 첫날, 그동안 설문조사 등을 통해서 어떤 공부를 할 것인지 어느 정도 예상했던 학생들의 눈이 반짝였다. 채점 기준이 들어 있는 시나리오와 학습 일정이 담겨 있는 계획서, 차시 학습 질문 예시, 자기학습평가 질문 예시 자료를 받고 핵심질문과 수행 과제에 관한 이야기를 나누었다. 다학문적 통합 수업에서는 일정이 학생과 교사가 서로 공유되어야만 교과별 학습 순서의 혼란 없이 수업이 진행될 수 있다.

　수행과제인 사전 제작발표회에서는 자신을 표현한 예술 작품을 창조해서 학교 선생님들을 독자로 발표를 하게 되고 학년 말 만들어질 책에 작품들이 실리게 된다는 것을 예고하였다. 새 단원의 학급 패들렛 주소도 공유하며 감상곡도 올려 주었다. 앱을 이용한 음악 만들기에 학생들은 가장 큰 관심을 보였다.

　또한 자신이 직접 학습에 관한 질문과 자기 학습을 평가하는 질문을 만들어 공부하는 방법에 대해서도 자세히 설명하고 예시 질문들을 배부해 질문 만들기 수업에 쉽게 도전해 볼 수 있도록 하였다. 스스로 학습 질문들을 만들어 기록하면서 과정중심평가도 자연스럽게 이루어졌으며 학생들이 무엇을 어려워하는지 무엇을 이해했는지가 드러나 수업의 흐름과 방향을 조정하는 기회가 되기도 하였다.

학습 질문

스스로 질문을 만들기 전에 읽어 보세요

아주 쉽고 사소한 질문은 무시하지 말기. 질문은 학습 내용과 관련 있는 것으로 하기. 친구의 좋은 질문을 함께 적기. 선생님의 질문도 참고하기
- 을 어떻게 하나요? - 은 무엇인가요? 왜 - 하나요? 이 내용에 대해 궁금한 것은 없나요? 더 알고 싶은 것은 없나요? 다른 방법은 없을까? 왜 이렇게 되는걸까?

	질문 예시
시	가장 마음에 드는 시는 무엇인가? 시의 어떤 부분이 마음에 들었고 왜 소개하고 싶은가? 이 시를 누구에게 소개하고 싶은가? 시인은 무엇을 잘해야 할까?
음악	이 인물을 표현하는데 어울리는 악기는 무엇인가? 그 이유는? 나를 표현하는데 어울리는 악기는 무엇인가? 그 이유는? 음악가는 무엇을 잘해야 할까? 이 곡은 어떤 악기들로 연주되었나?
미술	이 그림은 우리가 생각하는 사실적인 작품과 어떻게 다른가? 이 작품은 어떤 재료를 사용하여 어떻게 만들었나? 이 작품에 나타난 인물들의 표정은 어떠한가? 작품 속에서는 어떤 대상이 등장하며 무엇을 하고있는 것처럼 보이나요? 이 작품에서는 무슨 소리가 날까요? 선, 형, 색 등의 조형 요소의 특징은 무엇인가? 미술가는 무엇을 잘해야 할까? 미술의 훌륭함은 무엇이 있을까?
공통	작가는 왜 그렇게 표현했을까? 어떤 느낌과 생각이 떠오르나요? 작품의 현대적인 분위기는 어떠한가? 작가는 이 작품에서 어떤 이야기를 하고 있나요? 예술작품은 어떻게 이해할까? 나의 생각과 느낌을 예술로 표현하면 좋은 점은? 이 작품이 마음에 드나요? 그 이유는 무엇인가요? 이 작품이 마음에 들지 않나요? 그 이유는 무엇인가요? 친구들과 생각이 다른 부분이 있다면 어떤 부분인가? 작품에 대한 다양한 의견에 대하여 나는 어떤 태도를 가져야 할까? 이 작품에서 특별히 재미있게 표현한 부분은 무엇인가요? 이 작품에서 좀 더 보완해도 좋을 부분은 무엇인가요? 내 작품에서 좀 더 보완해도 좋을 부분은 무엇인가요? 친구의 작품을 보면서 좋다고 느꼈던 점이나 잘했다고 생각하며 내가 배워오고 싶은 것이 있는가? 감상 과정을 되돌아보고 생각이 바뀐 점이 있는가?

(스스로 만들어 보세요)

자기 학습 평가 질문

- 이것을 배우는 것이 왜 중요하다고 생각하는가?
- 나는 어떤 어려움을 겪었고 어떻게 극복했는가?
- 어떤 점이 어려워지는가? 어떤 점이 모호한가?
- 내가 배우고자 의도했던 것이 이루어졌는가?
- - 에 대해서 무엇을 정말로 이해하고 있는가?
- 나는 지금 내가 학습한 것을 할 수 있는가?
- 이제는 내가 무엇을 할 수 있는가?
- - 에 대해서 무엇을 알게 되었나?
- - 에 대해서 여전히 가지고 있는 의문점이나 불확실한 것은 무엇인가?
- - 에서 가장 효과적이었던 것은?
- - 에서 가장 효과적이지 않았던 것은?
- - 을 어떻게 항상 시킬 것인가?
- 다음번에는 어떻게 다르게 해볼 것인가?
- 가장 자랑스러운 부분은?
- 가장 실망스러운 부분은?
- - 이 얼마나 어려웠는가?
- - 에서 자신의 강점은?
- - 에서 자신이 가장 부족한 점은?
- 5점 만점이라면 몇 점을 받아야 할 것 같은가? 왜 그렇게 생각하는가?
- 지금 배운 것이 여러분의 생각을 어떻게 바꾸었는가?
- 배운 것이 현재와 미래에 어떻게 연결되는가?
- 지금 배운 것이 이전에 배웠던 것과 어떻게 연결되는가?
- 이 학습은 학교생활, 그리고 인생에서 나에게 어떤 도움을 줄 것인가?
- 나는 이 단원에 어느 정도 흥미를 가지고 있는가?
- 나는 이런 방법으로 공부하는 것을 좋아하는가? 다음 학습은 어떤 방법으로 공부해 보고 싶은가?
- 여러분의 학습 스타일 - 에 어떻게 영향을 미치는가?
- _____ (스스로 만들어 보세요)

나를 어떻게 표현하는가

교과		월 일 요일	
주제			

Q. 탐구 질문

1.

ㄴ

학습 내용/알게 된 점/나의 생각

Q. 자기 학습 평가 질문

1.

ㄴ

예술 작품(시, 음악, 미술)은 어떻게 이해할까?

각 교과별로 감상 방법에 관한 공부를 시작하였다. 전체적으로 공통된 작품을 이용해서 작품을 해석하며 감상하는 방법을 배우고, 개별로 다양한 작품들을 감상할 수 있는 시간을 주었다. 교실에는 예술과 관련된 다양한 도서들을 갖춰 놓고 학생들이 틈나는 대로 다양한 예술 감상 관련 책들을 읽을 수 있는 환경을 마련해 주었다.

시는 어떻게 이해할까?

도서관에 가서 각자 다양한 시집들을 고르도록 하고 자신의 마음에 들어온 시를 고른 뒤 생각이나 느낌을 발표하는 시간을 가졌다. 그 다음으로는 전체적으로 공통의 시를 정해 읽고 작가와 표현 방법, 특징을 알아보는 공부를 한 후, 시를 분석하고 해석하며 질문을 만들어 서로 나누는 수업을 진행하고, 시를 읽고 생각이나 느낌을 표현하는 다양한 방법들에 관한 공부를 하였다. 또한 나를 물건으로 표현한다면 어떻게 표현할 수 있는지를 질문하며 자신에 대한 탐색을 시작하였다.

음악은 어떻게 이해할까?

음악은 이야기와 상황이 있는 음악 작품들을 의도적으로 선정해 공통으로 감상하였다. 〈피터와 늑대〉, 〈전람회의 그림〉, 〈백조의 호수〉, 〈장난감 교향곡〉의 작품을 감상하고 작가와 표현 방법, 악기의 종류 등을 알아보고 인물과 어울리는 악기, 나와 어울리는 악기들을 탐색하였다. 마찬가지로 음악의 여러 가지 요소로 느낌을 표현하는 다양한 방법에 대해서도 알아보았다.

미술은 어떻게 이해할까?

미술 작품을 다양하게 감상하고 전체적으로 그림을 분석하고 해석하며 질문을 만들고 서로 나누기를 하였다. 미술 작품을 같은 종류끼리 분류하는 활동을 통해 미술가와 표현 방법들의 특징도 탐구하였다. 미술 작품을 감상하고 느낌을 표현하는 다양한 방법을 탐색하고 개별적으로 작품들을 감상하며 느낌을 표현하고 자신을 색으로 나타낸다면 무슨 색일지에 관한 이야기를 나눈다.

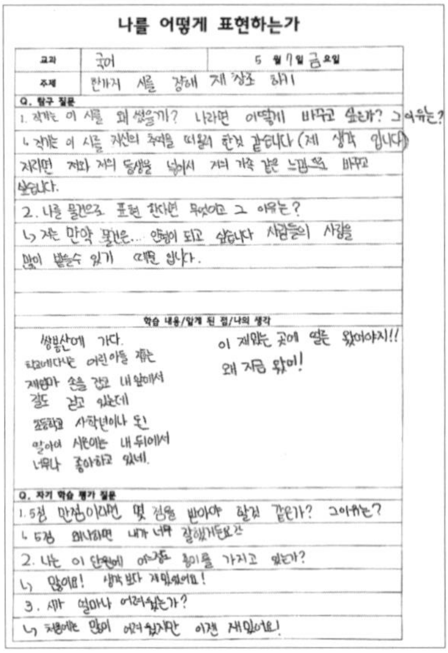

나를 어떻게 표현하는가

교과	국어	5 월 7일 금요일
주제	한가지 시를 정해 재창조 하기	

Q. 탐구 질문

1. 작가는 이 시를 왜 썼을까? 나라면 어떻게 바꾸고 싶은가? 그 이유는?
ㄴ 작가는 이 시를 자신의 추억을 떠올려 한것 같습니다 (제 생각 입니다) 저라면 저와 저의 동생을 넣어서 저의 가족 같은 느낌으로 바꾸고 싶습니다.
2. 나를 물건으로 표현 한다면 무엇이고 그 이유는?
ㄴ 저는 만약 물건은... 인형이 되고 싶습니다 사람들의 사랑을 많이 받을수 있기 때문 입니다.

학습 내용/알게 된 점/나의 생각

쌍봉산에 가다.
티끌세다나는 어린아들 재는
제엄마 손을 잡고 내 앞에서
길도 걷고 있는데
초등학교 사학년이나 된
딸아이 시은이는 내 뒤에서
너무나 좋아하고 있네.

이 재밌는 곳에 얼른 왔어야지!!
왜 지금 왔어!

Q. 자기 학습 평가 질문

1. 5점 만점이라면 몇 점을 받아야 할것 같은가? 그이유는?
ㄴ 5점 왜냐하면 내가 너무 잘했거든요 ^^
2. 나는 이 단원에 어느정도 흥미를 가지고 있는가?
ㄴ 많아요! 생각 보다 재밌어요!
3. 시가 얼마나 어려웠는가?
ㄴ 처음에는 많이 어려웠지만 이젠 재밌어요!

시

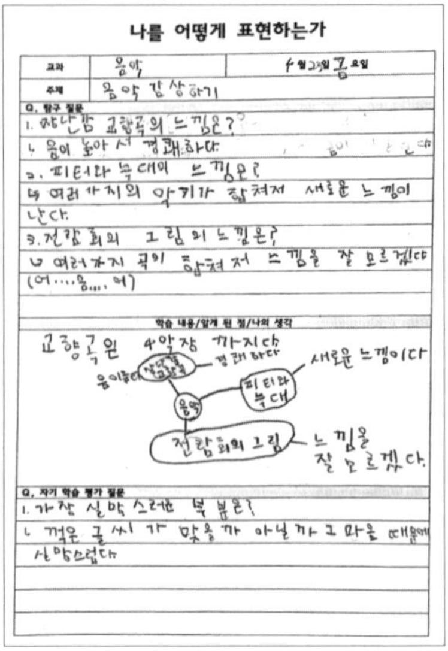

나를 어떻게 표현하는가

교과	음악	4 월 23일 금요일
주제	음악 감상하기	

Q. 탐구 질문

1. 장난감 교향곡의 느낌은?
ㄴ 음이 높아서 경쾌하다.
2. 피터와 늑대의 느낌은?
ㄴ 여러가지의 악기가 합쳐저 새로운 느낌이 난다.
3. 전람회의 그림의 느낌은?
ㄴ 여러가지 곡이 합쳐저 느낌을 잘 모르겠다 (어....음.... 어)

학습 내용/알게 된 점/나의 생각

교향곡은 4악장 까지다

Q. 자기 학습 평가 질문

1. 가장 실망스러운 부분은?
ㄴ 꺼운 글씨가 맞을까 아닐까 그 마음 때문에 실망스럽다

음악

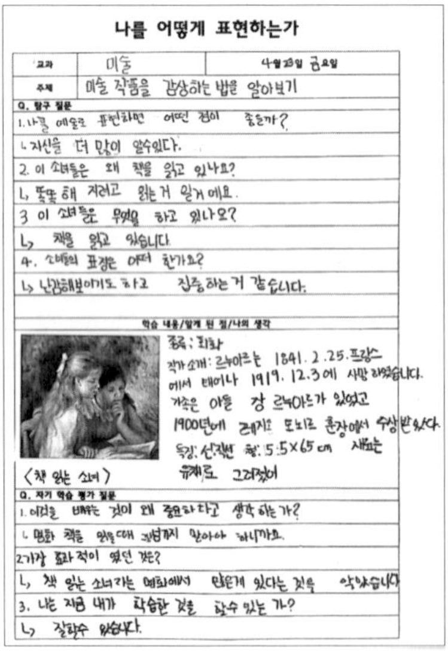

나를 어떻게 표현하는가

교과	미술	4월 23일 금요일
주제	미술 작품을 감상하는 법을 알아보기	

Q. 탐구 질문

1. 나를 예술로 표현하면 어떤 점이 좋은가?
ㄴ 자신을 더 많이 알수있다.
2. 이 소녀들은 왜 책을 읽고 있나요?
ㄴ 똑똑해 지려고 읽는거 일거에요.
3 이 소녀들은 무엇을 하고 있나요?
ㄴ 책을 읽고 있습니다
4. 소녀들의 표정은 어떠 한가요?
ㄴ 난감해보이기도 하고 집중하는거 같습니다.

학습 내용/알게 된 점/나의 생각

〈책 읽는 소녀〉

종류: 회화
작가 소개: 르누아르는 1841. 2. 25. 프랑스에서 태어나 1919. 12. 3에 사망 하였습니다. 가족은 아들 장 르누아르가 있었고 1900년에 레지옹 도뇌르 훈장에서 수상받았다.
특징: 신작번 크기: 5.5×65 cm 재료는 유채로 그려졌어

Q. 자기 학습 평가 질문

1. 이것을 배우는 것이 왜 중요하다고 생각 하는가?
ㄴ 명화 책을 읽을때 제목까지 알아야 하니까요.
2 가장 효과 적이 였던 것은?
ㄴ 책 읽는 소녀가는 명화에서 많은게 있다는 것을 알았습니다
3. 나는 지금 내가 학습한 것을 잘할수 있는 가?
ㄴ 잘할수 있습니다.

미술

나의 생각과 느낌을 예술로 어떻게 표현할까?

교과별로 기본적인 감상 방법과 기능들에 대한 탐구가 끝난 후에 본격적으로 감상할 작품을 선택한다. 그리고 자기 생각과 느낌을 표현하는 작품으로 재창조하는 과정을 거친 후 완성된 작품과 소개를 학급 패들렛에 올려 공유한다.

나의 생각과 느낌을 문학적으로 어떻게 표현할까?

그동안 감상했던 시 중에서 한 개의 시를 정한 뒤에 작가와 시의 특징에 대해 집중적으로 탐구한다. 때로는 시의 형식(숫자, 글자 뒤집기, 대화하기, 첫소리 등)을 따라 하며 자신, 친구, 가족의 이야기로 재

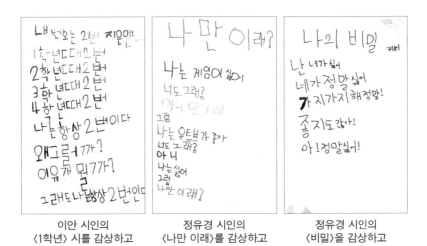

이안 시인의
〈1학년〉 시를 감상하고

정유경 시인의
〈나만 이래〉를 감상하고

정유경 시인의
〈비밀〉을 감상하고

창조하기도 하고, 시의 소재를 바꾸어 재창조하기도 하였다. 시를 통해서 자신에 대해 이야기하기도 하고 마음을 표현하기도 하였다. 요리를 표현한 시인 〈셀러리 샐러드〉를 감상하고 자신의 얼굴색과 같은 빨간 사과를 소재로 한 사과 쌍둥이라는 시를 재창조하기도 하고, 만화 캐릭터인 도라에몽처럼 생긴 동그란 손으로 무엇이든지 잘하는 자신을 오한나 시인의 〈궁금하다〉 시의 재창조 작품으로 표현하기도 하였다. 학생들이 쓴 시를 읽으면서 교사도 학생들에 대해서 새롭게 알게 되고 더 잘 이해할 수 있었던 시간이 되기도 하였다.

나의 생각과 느낌을 음악적으로 어떻게 표현할까?

이야기와 상황이 있는 음악 작품들을 감상한 후 한 가지 작품을 집중적으로 감상하고 AI 앱을 이용해서 자신의 음악으로 재창조하였다. 자신의 하루 생활을 표현하기도 하고, 자신에게 어울리는 악기를 골라서 자신을 표현하기도 하였다. 자신이 놀 때 발랄하고 상쾌하게 놀기 때문에 자신과 어울리는 빠른 피아노곡으로 발랄하고 빠르게 장난감 교향곡을 재창조한 학생도 있었다. 한 아이는 기분이라는 음악을 만들었는데 처음엔 우울하고 아무것도 없는 소리였다가 점점 많은 악기가 소리를 내어 밝아지는 기분을 표현하였다. 처음 수업을 계획할 때 학생들이 가장 어려워할 것으로 예상하였으나 AI 앱의 도움을 받아서 생각보다 자신의 이야기를 음악으로 잘 풀어낼 수 있었던 수업이었다.

나의 생각과 느낌을 시각적으로 어떻게 표현할까?

미술 작품을 감상하고 한 가지 작품을 선정한 후 자신을 표현하는 미술 작품으로 재창조를 하였다. 주로 자화상을 감상하고 색깔과 분위기를 바꾸어 자신을 표현하기도 하고 미술 작품에서 느껴지는 감정으로 자신을 표현하기도 하였다. 모네의 자화상이 화난 것 같다면서 미소를 짓고 있는 자신의 자화상으로 재창조를 하기도 하고, 앙리 루소의 〈오렌지 숲속의 원숭이들〉 작품을 감상하고 코로나로 답답한 자신의 마음을 〈우리 속의 원숭이〉라는 미술 작품으로 표현하기도 하였다. 고흐의 〈별이 빛나는 밤〉을 감상하고는 별이 빛나는 밤을 상상하는 햇빛 받는 소녀로 바꾸어 자신을 표현한 학생도 있었다. 우리 아이들의 재창조 작품들은 원작의 느낌도 있으면서 각자의 이야기가 살아있는 새로운 예술 작품들로 탄생하였다.

레오나르도 다 빈치의
〈모나리자〉를 재창조한 〈채나리자〉

모네의 〈자화상〉을
재창조한 〈유은이의 자화상〉

잭슨 폴록의 〈연보랏빛 안개〉를
재창조한 〈기쁨의 안개〉

로렌스 스테판 라우리의
〈거리의 악사〉를 재창조한 〈거리의 민수〉

• 예술에 나를 담다 사전 제작발표회
  공개수업에 선생님 초대하기

• 동기유발
  그동안 공부했던 패들렛 보기

• 작품 발표하기
  작가가 직접 자신의 작품을 소개하기

• 작가와의 만남
  두 그룹으로 나누어 전시된 작품을 감상하기
  작가에게 궁금한 점을 질문하고 답하기

• 평가하기
  채점기준표에 자기평가하기
  패들렛에 상호평가하기

• 사후활동
  성찰일지 쓰기
  사후 서술형 질문지 작성

사전 제작발표회를 개최하고 선생님들과 작가와의 만남을 진행하고 있다.

예술에 나를 담다 사전 제작발표회

드디어 발표회 날!

사전 제작발표회 날이 다가왔다. 패들렛에 그림과 시와 음악이 탑재되었고 교실에는 실제 시와 그림을 게시하였다. 음악 작품은 직접 들려주면서 자신을 표현한 시와 음악과 미술 작품을 소개하였다. 두 그룹으로 나누어 작가가 되어 보고 독자가 되어 보았다. 수업 참관을 위해 오신 선생님들도 독자가 되어서 소개를 듣고 작가와의 만남에 적극적으로 참여해 주셔서 더욱 실감 나는 사전 제작발표회가 되었다. 수업 후반에 참관하러 오신 선생님들과 학생들이 모두 패들렛에 들어가 온라인으로도 서로의 작품에 대한 소감과 질문과 답변을 하는 시간들을 가졌다. 수업이 끝난 뒤에도 학생들의 모든 작품에 열심히 댓글을 달아 주신 선생님도 계셔서 학생들이 참 좋아했고 부모님께도 패들렛 주소가 공유되어서 예술로 소통할 수 있는 시간과 공간이 확대되는 경험을 하였다.

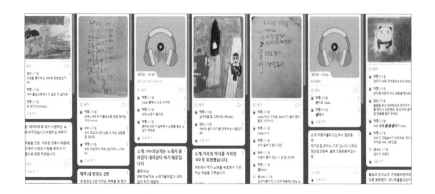

패들렛 게시글 중에서

- 와우~~ 놀라워요. 이 수업을 기획하신 선생님도 훌륭하고 정성껏 작품을 제작하고 올려 준 학생들도 정말 대단해요. 코로나 상황에서 여러분은 높이 날아오르는 듯해요. 빨리 오늘의 수업을 보고 싶어요. 여러분이 즐겁게 수업하는 모습을 기대해 봅니다. (교사)

- 경쾌한 음악 소리가 현수 기분이 얼마나 기쁘고 행복한지가 그대로 전달이 되어 듣는 이조차 행복해진다. (교사)

- 우리 아들 여러 가지 만들면서 새로운 도전도 해 보았구나. 멋지다, 엄마 항상 세찬이 응원해. (학부모)

- 역시 우리 찬윤, 글자 쓰는 걸 싫어하는 마음이 녹아 있네. 활짝 핀 꽃송이는 찬윤이 얼굴과 똑같구나. (학부모)

- 이야… 몬인 이미지를 정말 잘 표현했어요!! 감동~~ (학생)

어떻게 달라졌는가?

한 달간의 수업이 마무리되었다. 학생들은 자기평가를 하고 사전 사후 질문지와 성찰일지를 통해서 자신들이 알게 된 점들을 기록하였다.

사전 사후 질문지를 통해 예술 작품의 특징과 종류에 대한 이해가 깊어졌음을 알게 되었고 예술 작품의 제목과 작가의 이해도 풍성해졌다. 세 분야의 예술 작품을 감상하는 방법에 대해서도 알게 되었다는 답변들이 많았다. 감상만이 아니라 그 특징을 살려 자신을 시, 음악과 미술로 표현할 수 있게 된 것은 물론이고 소재로 택한 나에 대한 마음만 깊어진 것이 아니라 자신을 표현한 작품들을 나누고 공유하면서 친구들도 더 잘 알게 되었다고 기록하기도 하였다. 자신이 질문을 만들어 수업한 경험에 대해서도 스스로 하는 공부의 의미와 보람을 드러냈다.

1학기에 '나를 어떻게 표현할까' 수업을 마치고 12월에 드디어 사람책이 완성되었다. '예술에 나를 담다' 페이지에는 시와 그림과 QR코드를 넣어 음악도 실행되도록 하였다. 수업이 진행될 때 예술 관련 도서로 많은 도움을 주었던 학교 도서관에서는 수업 이후에도 이를 연계하여 명화 프로그램을 진행하면서 명화에 얽힌 이야기책들을 읽고 학생들의 경험이 더욱 심화할 수 있는 시간을 기획해 주셨다.

2학기에는 시집으로 감상하고 재창조를 가장 많이 했던 시인인 '이야' 작가님을 도서관 행사에 초청해 주셔서 깜짝 교실 방문 시간도 가지게 되었다. 학생들은 원작자인 작가님에게 직접 시를 읽어 드리고 같이 사진도 찍으며 공부가 삶으로 연결되는 소중한 경험을 하였다. 방학식 전날 드디어 사람책을 받아 든 학생들은 자신들의 작품 사진에 저마다 소감 포스트잇을 달면서 자신들만의 사람책을 완성하였다. 해마다 제작되는 앨범이지만 올해에는 예술로 표현된 자신들이 들어 있는 책이라 다른 해보다 조금은 더 소중하고 의미 있는 책이 완성되었다.

사람책: 예술에 나를 담다

학생 성찰일지 중에서

- 시와 미술 음악으로 나 자신을 표현할 수 있다. 음악의 요소를 알고 미술에 있는 그림을 보고 그 작가는 무슨 그림을 그리는지 짐작할 수 있다. 시가 재미없었지만 재밌어졌다.

- 국어, 미술, 음악 모두 천천히 배우다 보면 예술이란 걸 잘 이해할 수 있다. 왜냐하면 그 모든 것을 합친 것이 예술이기 때문이다.

- 내가 재창조도 할 수 있구나.

- 핸드폰은 게임만 하는 게 아니라는 걸 알았다.

- 내가 중요하고 소중하기 때문에 나를 이해하게 되어서 이 단원을 배우는 것이 중요하다.

- 이제는 무엇을 할 수 있을까요?
- 나 자신을 자랑스럽고 자신 있게 표현할 수 있을 것 같다.
- 나를 표현하거나 나를 잘 알 수 있고 나를 잘 알 수 있는 게 좋은 것 같다.
- 자신 헤아리기, 친구 더 잘 알아주기, 더 감상하기, 자세하게 표현하기, 작가를 자세하게 소개하기.
- 나를 그려 나의 마음속을 쳐다볼 수 있고 음악으로 날 표현할 수 있다. 시로 내 얼굴을 표현할 수 있다.

- 스스로 질문을 만들어 공부를 해 본 소감은?
- 질문은 힘들지만 질문을 만들고 풀어 나가니 뿌듯하다.
- 내가 스스로 만들어 하니 더 재미있고 생각을 많이 해 더 좋았다.
- 맨날 정해진 질문들이 있었는데 이제 내가 질문해서 답하니까 때론 힘들지만 재미있다. 다음에 또 하면 열심히 꾸준히 할 것이다. 많이 성장을 한 것 같고 뿌듯하다.

이 단원을 실행하고

교사인 나에게도 이 수업은 소중하고 의미가 있었다. 다학문적 통합단원 설계와 실행을 하면서 그동안 깊이 연구하지 못했던 예술 교과의 감상 수업을 잘 계획하고 실행해 볼 수 있었다. 또한 학습 질문 만들기와 수행평가과제를 수행하면서 과정중심평가도 의미 있게 실행해 볼 수 있었고, 다학문적 통합으로 단원을 설계했지만 결국은 학생들이 큰 이해와 큰 기능에 융합적으로 다다르는 것도 경험할 수 있었다. 무엇보다 사춘기에 접어든 학생들이 자신과 주변에 대해서 긍정적인 아름다움을 찾아가는 장면들을 볼 수 있어서 어떤 수업보다도 행복했던 경험을 하게 되었다.

예술은 사람의 마음을 움직이는 힘이 있는 듯하다. 맞춤법이 틀린 시도, 짧은 음악도, 표현 기법이 뛰어나지 않은 그림도 학생들이 한 달 동안 고민하며 자신을 담아낸 작품은 감동의 힘이 있다. 읽을 때마다 재잘대는 아이들의 목소리가 들리며, 볼 때마다 저마다의 얼굴이 떠올라 저절로 미소가 지어진다. 여러분도 곧 이런 미소와 감동을 경험하기를 기대하면서 '나를 어떻게 표현할까?' 수업 이야기를 마친다.

4부

간학문적 통합단원 실제
어서 와! 우리 동네는 처음이지?

1.
간학문적 통합단원 어떻게 설계할까?

초등학교 저학년 통합교과는 어떠한가?

초등학교 1~2학년의 바른 생활, 슬기로운 생활, 즐거운 생활의 세 교과는 8개의 주제를 중심으로 구성된 통합교과서가 학교현장에 제시되고 있다. 통합교과 교육과정을 재구성하는 과정에서 교과서는 나에게 늘 고민거리를 주었다. 교과서에 제시된 다양한 활동들은 무엇을 근거로 선정된 것일까? 왜 그 활동들이 제시되었을까? 교육과정 문서의 어느 부분에서 그러한 활동들을 끌어내었을까? 우리 반 아이들의 삶은 그러한 활동들과 어떤 연결고리를 가지고 있을까? 초등학교 저학년의 통합교과는 아이들의 삶과 통합하기에 매우 유용한 교육과정이다. 하지만 교육과정이나 교과서가 이를 다 담아내지 못하고 있는 것은 아닌가 하는 아쉬움이 들기도 한다.

통합교과의 내용 체계표에는 1~2학년군에서 습득해야 할 일반화된 원리와 내용 요소, 기능이 제시되어 있다. 하지만, 개념과 내용 요소들을 중심으로 종적 계열성을 찾다 보면 상위학년의 교과와 연결 지점을 찾지 못하는 경우가 의외로 많다. 저학년의 통합교과는 3학년 이상의 교육과정과 어떤 계열성을 가지고 있을까? 계열성이 있다면 어떻게 상위학년의 교육과정과 연결할 수 있을까? 초등학교 저학년의 통합교과와 상위학년의 종적 계열성을 찾기는 생각보다 어렵다. 아이들의 삶과 긴밀하게 연결되고 통합적인 사고를 촉진할 수 있는 교육과정 설계를 위해 교사의 전문성이 더욱 필요하다는 생각을 한다.

'공동체, 상호의존'의 렌즈로 바라본 마을교육과정은 어떻게 설계하는가?

초등학교 저학년 통합교과 교육과정에는 마을과 관련된 두 개의 단원이 있다. 1학년은 '우리 이웃', 2학년은 '우리 동네' 단원으로 공동체 역량과 관련이 있다. 이 대주제는 바른 생활에서는 공공장소에서 지켜야 할 것과 일의 소중함을 알기, 슬기로운 생활에서는 주변에서 함께 생활하는 이웃과 동네에 대한 관심 및 이해를 높이기, 즐거운 생활에서는 이웃과 동네를 소재로 놀이를 하거나 표현하기를 중점에 두었다.

1학년에서는 이웃을 만나는 공공장소에서 지켜야 할 규칙, 이웃과 함께 할 수 있는 다양한 일들을 경험하며 이웃이 서로의 생활에 영향을 미치는 것을 알도록 한다면 2학년에서는 동네에 있는 것들을 탐구하며 동네 모습을 표현하고 동네 사람들이 하는 다양한 일들을 알고 일의 소중함을 느끼며 서로 상호의존하며 살아간다는 것을 알게 하는 것을 목적으로 한다.

이 단원은 익숙한 마을의 모습을 함께 탐구하는 과정에서 낯섦과 새로움을 발견하며 마을에 대한 교육과정에서 마을을 통한, 그리고 마을을 위한 교육과정으로 수업하기에 적합하다. 이에 마을에 대한 것을 배우는 차원에서 한 걸음 더 나아가 마을 탐방 과정에서 알게 된 마을의 문제점 또는 개선해야 할 점을 제시하거나 그 해결방법들을 제안하도록 하는 활동들을 통해 마을을 위한 교육과정으로 설계하여 실행하고자 하였다.

이 단원에서는 우리 마을 사람들이 하는 다양한 일을 조사하여 수집한 자료들을 일정한 기준으로 분류하고 정리하는 통계 활동이 필요하다. 따라서 수학 2학년 2학기 '표와 그래프' 단원을 통합하여 설계할 필요가 있었다. 교과서에 제시된 흐름에 따라 기본개념을 익히고, 부모님의 직업군을 조사하여 통계 활동을 먼저 경험한 후 모둠별로 마을 사람들의 일들을 분류하고 정리하는 활동을 하도록 했다.

통합교과 '가을 2. 동네 한 바퀴' 단원과 '수학 2학년 2학기 5. 표와 그래프' 단원을 분석하여 지식과 기능, 인성, 전이 목표를 추출하였다. 이 단원의 전이 목표는 '사람들은 서로 다른 일을 하며 더불어 살아간다는 것을 알고 공동체에 기여할 수 있다'로 선정하고 '공동체'와 '상호의존'을 통합을 위한 조직자로 보고 간학문으로 통합하였다. 통합교과와 수학과를 중심으로 하여 그려 본 탐색망은 다음과 같다.

[3학년 사회. 지역]
• 우리 고장의 모습과 장소

[수학 5. 표와 그래프]
• 사람들이 하는 일-표
와 그래프로 표현하기

[통합: 2-2-1. 동네 한 바퀴]
• 사람들이 하는 일 조사하기
• 직업 체험하기
• 마을 탐방하기
• 마을 지도 그리기 및 소개하기
• 마을의 문제해결방법 제안하기

[창체: 봉사]
• (봉사) 마을 청소하기
• (진로) 직업 체험하기

[1학년 통합: 1-2-2. 이웃]
• 함께 쓰는 장소와 시설물
• 이웃 소개, 지켜야 할 일 등

설계안: 어서 와! 우리 동네는 처음이지?(2학년 2학기)

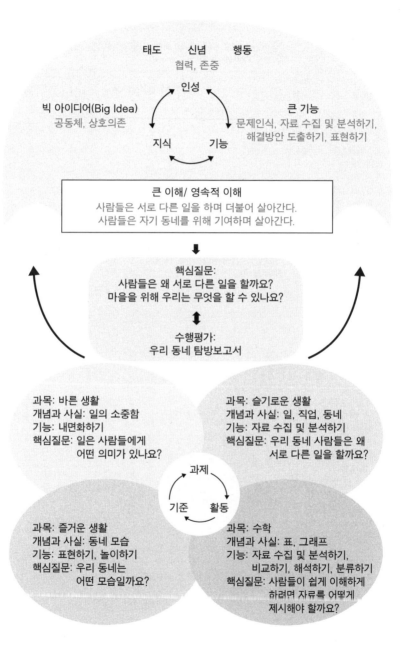

[1단계] 기대하는 학습결과

관련 성취기준	전이(Transfer-T)		
[2바05-02] 동네를 위해 할 수 있는 일을 찾아 실천하면서 일의 소중함을 안다.	• 사람들은 서로 다른 일을 하며 더불어 살아간다는 것을 알고 공동체에 기여할 수 있다.		
	의미(Meaning-M)		
	큰 이해/ 영속적 이해[12]	핵심질문	
[2슬05-03] 동네의 모습을 관찰하고, 그림으로 그려 설명한다.			
[2슬05-04] 동네 사람들이 하는 일, 직업 등을 조사하여 발표한다.	• 우리 동네에는 서로 다른 일을 하는 사람들이 더불어 살아간다. • 사람들은 공동체를 위해 기여하며 살아간다.	• 동네 사람들은 왜 서로 다른 일을 할까요? • 마을을 위해 우리는 무엇을 할 수 있나요?	
[2즐05-03] 동네 모습을 다양하게 표현한다.			
[2즐05-04] 동네에서 볼 수 있는 직업과 관련하여 놀이를 한다.			
[2수05-02] 분류한 자료를 표로 나타내고, 표로 나타내면 편리한 점을 말할 수 있다.	습득 (Acquisition-A)		
	지식	기능	인성
[2수05-03] 분류한 자료를 O, X / 등을 이용하여 그래프로 나타내고, 그래프로 나타내면 좋은 점을 말할 수 있다.	개념적 지식 • 공동체 • 상호의존	사실적 지식 • 일과 직업 • 동네 모습	• 문제인식 • 자료 수집 및 분석하기 • 해결방안 도출하기 • 표현하기 || • 협력 • 존중

---

12. 초등학교 저학년 통합교과는 1~2학년군 교육과정이다. 교육과정 특성상 내용 체계표에 제시된 일반화된 지식은 1, 2학년을 아우르는 문장으로 제시되어 있다. 따라서 이 단원에서는 이해와 핵심질문을 포괄적 수준과 소재적 수준의 층위를 구분하여 진술하지 않았다.

[2단계] 이해의 다양한 증거

증거

수행평가과제요소(GRASPS)

목표(G)	모둠별로 동네를 탐방하고 우리 동네의 모습과 동네 사람들이 하는 일을 소개하는 자료 만들고 동네 문제 해결을 위해 제안하기
역할(R)	우리 동네 지킴이
청중(A)	우리 학교에 전학 오는 학생들과 새로 오시는 선생님
상황(S)	• 직업의 종류와 자료 정리 방법을 배운 후, 동네 탐방 결과를 다양한 방법으로 소개한다. • 만든 자료는 교무실에 게시하여 우리 학교에 새로 전학 오는 학생들과 새로 오시는 선생님들에게 소개 자료로 활용한다. • 동네 탐방하면서 우리 마을의 문제점을 찾아 이를 해결하기 위한 다양한 방법을 제안한다.
결과물(P)	1. '우리 동네!' 소개 지도 2. 우리 동네 사람들이 하는 일의 종류 3. 동네 문제점을 찾아 해결방법 제안하기
준거(S)	동네 모습과 사람들이 하는 일을 조사하여, 다양한 방법으로 표현한다. ① 동네를 탐방하면서 수집한 자료(포토존, 안전, 교육, 맛집, 공공기관 및 시설을 백지도에 표시하고 소개 자료를 작성하여 게시하기 ② 동네 사람들이 하는 일을 조사하여 분류기준에 따라 분류하고 표와 그래프로 나타내기 ③ 동네의 문제점 또는 개선점을 찾아 해결방법 제안하기

설명 하기	○	해석 하기	○	적용 하기	○	관점 가지기		공감 하기	○	자기지식 가지기	

그 외의 평가
• 퀴즈: 직업의 종류 알기
• 우리 반 부모님들의 직업군을 조사하여 직업분류표를 기준으로 항목을 정하여 표와 그래프로 나타내기
• 동료평가: 동네 탐방 및 소개 자료 제작 과정에 참여 태도

자기평가
• 단원 전체를 돌아보며 성찰일지 쓰기
• 수행 결과물을 채점기준에 따라 스스로 평가하기

수행평가 방법-우리 동네 탐방보고서(시나리오)

우리 학교에는 해마다 많은 학생들이 새로 전학을 오기도 하고 선생님들이 오십니다. 처음 우리 동네에 이사 오거나 다른 지역에서 오시는 선생님들은 우리 동네에 대해 잘 모르는 경우가 많습니다. 새로 오게 된 우리 학교 공동체 가족들을 위해 우리 동네에 대해 배우고 있는 2학년 학생들이 동네 소개 자료를 만들어 교무실에 게시하고 안내하면 좋겠다는 학생자치회 의견이 있었습니다.

우리 동네 소개 지도를 제작하기 전에 학교에서 집으로 가는 방향이 같은 학생들끼리 모둠을 만들 예정입니다. 모둠별로 엄마 선생님과 함께 우리 동네를 탐방하면서 우리 동네에 사람들이 하는 일과 관련하여 어떤 가게들이 있는지 살펴보고 각각 개수를 세어 탐방 기록지에 기록합니다. 공공시설이나 기관, 교육과 관련된 곳, 음식점 종류, 마을에서 안전한 곳과 위험한 곳들을 조사하고, 우리 마을에서 사진 찍기 좋은 장소도 선정합니다.

또한 마을을 탐방하면서 인터뷰하기로 섭외된 가게들을 방문할 예정입니다. 이를 위해 여러분이 미리 준비한 인터뷰 질문지를 바탕으로 질문하고 답변들을 기록하고 정리합니다.

여러분이 동네 탐방을 모두 한 후에는 지도에 공공시설이나 기관, 교육, 맛집, 포토존, 안전과 관련하여 수집한 자료를 바탕으로 소개 자료를 제작하여 마을 지도에 표기하고 탐방 구역에 우리 마을 사람들이 하는 일을 표와 그래프로 나타냅니다.

또한 탐방하면서 여러분이 찾은 우리 마을의 문제점들을 살펴보고 해결방법을 제안합니다. 여러분이 제안한 방법 중 우리가 직접 해결할 수 있는 일들은 실천할 예정입니다.

여러분이 모둠의 친구들과 함께 수행과제를 해결하는 과정에서 서로 협력하고 적극적으로 참여하기를 기대합니다.

여러분이 제출해야 할 결과물은 다음과 같습니다.

---

1. '우리 동네' 소개 지도
① 우리 동네 포토존
② 우리 동네 안전
③ 우리 동네 교육 시설
④ 우리 동네 맛집
⑤ 우리 동네 공공기관 및 시설

2. 우리 동네 사람들이 하는 일 소개하기
① 동네 사람들이 하는 일 조사하여 기준에 따라 분류하기
② 분류한 자료를 표와 그래프로 나타내기

3. 우리 동네를 탐방하면서 찾은 문제점 해결방법 제안하기

채점기준(루브릭)

평가 요소 ＼ 단계	매우 잘함	잘함	보통	노력 요함
문제 인식	마을을 탐방하면서 우리가 해결해야 할 과제가 무엇인지 정확하게 파악하고 수행할 수 있다.	마을을 탐방하면서 우리가 해결해야 할 과제가 무엇인지 파악하고 수행할 수 있다.	마을을 탐방하면서 우리가 해결해야 할 과제가 무엇인지 도움을 받아 파악할 수 있다.	마을을 탐방하면서 우리가 해결해야 할 과제가 무엇인지 파악하지 못한다.
자료 수집 및 분석	모둠별로 동네를 탐방하면서 동네 사람들이 하는 일을 가게를 중심으로 조사하고 분류기준에 따라 표와 그래프로 나타낼 수 있다.	모둠별로 동네를 탐방하면서 동네 사람들이 하는 일을 가게를 중심으로 조사하여 제시된 분류기준에 따라 표와 그래프로 나타낼 수 있다.	모둠별로 동네를 탐방하면서 동네 사람들이 하는 일을 가게를 중심으로 조사하여 제시된 분류기준에 따라 도움을 받아 표와 그래프로 나타낼 수 있다.	모둠별로 동네를 탐방하면서 동네 사람들이 하는 일을 가게를 중심으로 조사하여 도움을 받아 자료를 수집할 수 있으나 표와 그래프로 나타내지 못한다.
다양한 방법 으로 표현 하기	동네를 탐방하면서 수집한 자료를 바탕으로 포토존, 안전, 교육 시설, 맛집, 공공기관 및 시설을 지도에 표시하고 다양한 방법으로 소개할 수 있다.	동네를 탐방하면서 수집한 자료를 바탕으로 포토존, 안전, 교육 시설, 맛집, 공공기관 및 시설을 지도에 표시하고 안내된 방법으로 소개할 수 있다.	동네를 탐방하면서 수집한 자료를 바탕으로 포토존, 안전, 교육 시설, 맛집, 공공기관 및 시설을 지도에 표시하고 도움을 받아 소개할 수 있다.	동네를 탐방하면서 수집한 자료를 바탕으로 포토존, 안전, 교육 시설, 맛집, 공공기관 및 시설을 도움을 받아 지도에 표시할 수 있다.
해결 방안 도출	동네를 탐방하면서 동네의 여러 가지 문제점을 찾고 이에 대한 해결방법을 제안하고 스스로 실천할 수 있다.	동네를 탐방하면서 동네의 여러 가지 문제점을 찾고 이에 대한 해결방법을 제안하고 실천할 수 있다.	동네를 탐방하면서 동네의 여러 가지 문제점을 찾을 수는 있으나 해결방법을 제안하지 못한다.	동네를 탐방하면서 동네의 여러 가지 문제점을 도움을 받아 찾을 수 있다.
책임감 갖고 협력 하기	모둠의 친구들과 긍정적인 관계를 형성하여 효과적으로 학습하고 책임을 갖고 리더십을 발휘한다.	모둠의 친구들과 긍정적인 관계를 형성하여 자진해서 다른 친구들과 함께 책임을 다하여 학습한다.	모둠의 친구들과 어느 정도 긍정적인 관계를 형성하고 책임을 소극적으로 수행하여 학습한다.	모둠 친구들과 긍정적인 관계를 형성하거나 다른 친구들과 함께 학습하는 것을 주저한다.

교사 　학생 　□ 에 스스로 (v) 하세요.

[3단계] 학습 계획

차시	학습활동	평가	WHERETO
1~2	• 단원 도입 – 준비도 확인(KWL): 우리 동네에 대해 알고 있는 것, 우리 동네에 대해 알고 싶은 것 확인 – 성취기준 읽기 – 핵심질문 및 수행평가과제 제시	준비도 확인 (KWL): 우리 동네에 대해 알고 있는 것, 우리 동네에 대해 알고 싶은 것	W H
3	• 우리 동네의 옛 이름과 옛 모습 알기 – 질문: 우리 동네는 어떤 모습일까요? – 학교 이름의 유래 알기 – 우리 동네의 옛날 모습 살펴보기 – 우리 동네의 생성 시기 – 우리 동네의 옛날 이름 알기 – 학교를 중심으로 우리 반 친구들이 사는 곳을 지도에서 살펴보기		
4-7	핵심질문 사람들은 왜 서로 다른 일을 할까요? • 직업의 종류와 직업분류체계 알기 – 질문: 일은 사람들에게 어떤 의미가 있나요? – 관련 도서: 『비정규 씨, 출근하세요?』 – 나눌 이야기: 직업윤리, 아르바이트 이야기 – 꼭 직업을 가져야 할까? – 직업이 무엇일까? – 직업이 없다면 어떤 일이 생길까? – 직업이 있어서 좋은 점은 무엇일까? – 직업의 종류 알기 – 옛날의 직업과 오늘날의 직업 – 직업분류체계 알기 • 직업의 종류 퀴즈	퀴즈: 직업의 종류	E1 E2
8-16	핵심질문 사람들은 왜 서로 다른 일을 할까요? • 표와 그래프로 나타내기 – 질문: 사람들이 이해하기 쉽게 자료를 제시하려면 어떻게 표현하면 될까요? – 표로 나타내기 – 표로 나타내는 방법 알기 – 표로 나타내면 좋은 점 알기 – 그래프로 나타내기 – 그래프로 나타내는 방법 알기 – 그래프로 나타내면 좋은 점 알기 – 표와 그래프 해석하기		E1

8-16	• 부모님의 직업 알기 – 질문: 사람들(우리 반 부모님들)은 어떤 일을 하며 살아갈까요? – 부모님의 직업 조사하기 – 친구 부모님의 직업 조사하기 – 분류체계에 맞추어 부모님의 직업을 분류해 보기 – 우리 반 부모님의 직업을 분류기준을 정하여 표와 그래프로 나타내기 – 표와 그래프 해석하기		E1
17-21	핵심질문 사람들은 왜 서로 다른 일을 할까요? • 일의 소중함 알기 – 직업놀이 준비하기: 직업 정하기, 역할 나누기, 대본 쓰기, 소품 준비하기 – 직업놀이 하기 – 일과 직업의 가치, 일의 소중함 알기 ※학교 밖 체험학습이 어려운 경우는 학교에서 아이들이 계획하고 운영하는 직업놀이를 부스체험으로 진행할 수 있음. 본교에서는 체험 학습장 예약 문제로 12월에 운영했음. 따라서 본 단원을 운영할 때는 직업놀이도 운영하였음	핵심질문 사람들은 왜 서로 다른 일을 할까요? • 직업 체험계획 세우기 – 체험부스 종류 확인하기 – 모둠 구성하기 – 모둠별 체험 순서 정하기 – 안전하게 체험하는 방법 알기 • 직업체험학습(진로체험학습-잡*드) – 직업의 종류 알기 – 직업에서 하는 일 알기 – 직업에서 어려운 점, 좋은 점 알기 • 돌아보기 – 직업 체험 후 알게 된 것, 느낀 것 나누기	E1 T R
22-23	• 동네 탐방 모둠 구성하기 – 질문: 우리 반 친구들은 어디에서 살까? – 학교를 중심으로 같은 방향의 친구들은 누구일까? – 학교와 집을 오갈 때 안전한 길은 어디일까? – 학교와 집을 오갈 때 무엇을 볼 수 있을까? – 학교와 집을 오갈 때 궁금한 점은 무엇이었을까? – 우리 동네에 대해 알고 싶은 것은 무엇일까?		E1

24-27	핵심질문 사람들은 왜 서로 다른 일을 할까요?
	• 동네 탐방 계획 세우기
	 - 질문: 우리 동네는 어떤 모습일까요?
	  ① 누가: 동네 모둠
	  ② 언제: 20○○. ○○. ○○.
	  ③ 어디를: 동네 5분할하여 맡은 구역
	  ④ 무엇을:
	   - 기록할 내용: 건물명
	   - 조사할 내용: 가게 종류와 개수, 인터뷰하여 직업 질문, 힘든 일, 보람된 일 등
	   - 방문하여 인터뷰할 장소: 모둠별 별도 섭외한 가게
	  ⑤ 어떻게
	   -탐방: 엄마 선생님 협조
	   -표현: 마을 지도, 설명자료
	• 동네 탐방 준비하기
	 - 조사 학습지: 질문, 역할
	 - 교통안전교육
	 - 방문지 예절 등
	 - 체험학습 안전(마을 탐방 시)
			E1
			T

28-31	핵심질문 사람들은 왜 서로 다른 일을 할까요? • 우리 동네 탐방하기 - 질문: 우리 동네는 어떤 모습일까요? - 안전하게 걸어가기 - 건물, 가게 종류와 수, 인터뷰 내용 기록 - 심층 인터뷰: 하시는 일, 보람/어려운 점 등 - 기념사진 촬영 • 자기평가 및 동료평가: 탐방 참여 태도	자기평가 및 동료평가: 마을 탐방 참여 태도	E1 E2 T
32-37	핵심질문 사람들은 왜 서로 다른 일을 할까요? • 동네 소개 자료 만들기 - 질문: 우리 동네는 어떤 모습일까요? - 조사한 자료를 바탕으로 5종의 소개 자료 만들기 - 마을 지도에 붙이기 • 동네 사람들의 일을 표와 그래프로 나타내기 - 질문: 사람들이 이해하기 쉽게 자료를 제시하려면 어떻게 표현하면 될까요? - 우리 동네 가게 조사한 내용을 정리하여 표와 그래프 나타내기 • 모둠별 동네 탐방 결과 소개하기 - 우리 동네 지도 전시하기 - 설명하기 - 질문하고 답하기	수행평가 과제 ① 우리 동네 소개 자료 만들기 및 소개하기 ② 동네 사람들이 하는 일을 표와 그래프로 나타내기	E1 E2 T R

38-40	**핵심질문** 마을을 위해 우리는 무엇을 할 수 있을까? • 우리 동네를 위해 실천할 일 생각하기 　– 동네 좋은 점과 문제점 설문하기(학생 및 학부 　　모 대상) 　– 설문 결과 공유하기 　– 우리 동네의 문제점을 해결하기 위한 방법 찾기 　– 동네 사람들과 주민 센터에 편지 쓰기 • 학교 주변 및 이동공원 쓰레기 줍기	③ 동네 문제해결 방법 제안하기	E2 R
41-42	• 정리 및 평가하기 　– 채점기준에 따라 수행과제 스스로 평가하기 　– 단원 돌아보기 　　▸ 이 단원에서 무엇을 배웠나요? 　　▸ 이 단원을 배우는 것이 왜 중요한가요? 　　▸ 이 단원을 배우고 할 수 있는 것은?	채점 기준표에 따른 자기평가 및 단원 성찰	R

W	H	E1	R	E2	T	O
Where Why What	Hook Hold	Explore Enable Equip	Reflect Rethink Revise	Evaluate Exhibit	Tailored	Organize sequence
목표 제시 및 필요성 안내	관심 집중 및 동기유발	수행을 위한 지식 및 기능 습득	학습자 반성 및 재점검	과제 발표 및 평가	학생 개인의 필요와 요구 반영	수업 내용 조직 및 계열화

2.
간학문적 통합단원 어떻게 실천하는가?

무엇을 중심으로 가르칠 것인가?

저학년 통합교과 교육과정의 '마을' 영역(대주제)를 분석하여 통합을 위한 조직자를 '공동체와 상호의존'으로 결정하고 탐색망을 그린 후 단원의 큰 이해, 지식, 기능, 인성, 핵심질문을 선정한다. 수학과는 도구 교과로서 역할을 하며 수집한 자료를 분석하는 과정에서 드러난 결과를 해석하는 기능을 활용한다.

이 단원과 관련하여 교육과정에 제시된 내용은 다음과 같다.

[2바05-02] 동네를 위해 할 수 있는 일을 찾아 실천하면서 일의 소중함을 안다.

[2슬05-03] 동네의 모습을 관찰하고, 그림으로 그려 설명한다.

[2슬05-04] 동네 사람들이 하는 일, 직업 등을 조사하여 발표한다.

[2즐05-03] 동네 모습을 다양하게 표현한다.

[2즐05-04] 동네에서 볼 수 있는 직업과 관련하여 놀이를 한다.

[2수05-02] 분류한 자료를 표로 나타내고, 표로 나타내며 편리한 점을 말할 수 있다

[2수05-03] 분류한 자료를 O, X, / 등을 이용하여 그래프로 나타내고, 그래프로 나타내면 좋은 점을 말할 수 있다.

영역 (대주제)	핵심 개념 (소주제)	일반화된 지식	내용 요소			기능		
			바른 생활	슬기로운 생활	즐거운 생활			
5. 마을	5.1 우리 이웃	이웃은 서로의 생활에 영향을 미친다	공중 도덕	이웃의 생활 모습 공공 장소, 시설물	이웃 모습과 생활 표현 공공 장소 시설물 활용 놀이	[바른 생활] 되돌아 보기 스스로 하기 내면화 하기 관계 맺기 습관화 하기	[슬기로운 생활] 관찰하기 무리 짓기 조사하기 예상하기 관계망 그리기	[즐거운 생활] 놀이하기 표현하기 감상하기
	5.2 우리 동네	내가 생활하는 동네에는 서로 다른 일을 하는 사람들이 있다	일의 소중함	동네에 있는 것들 동네 사람 들이 하는 일, 직업	동네 모습 표현 직업 놀이			

영역 (대주제)	핵심 개념 (소주제)	일반화된 지식	학년(군)별 내용 요소			기능	
			1~2 학년	3~4 학년	5~6 학년		
자료와 가능성	자료 처리	자료의 수 집, 분류, 정리, 해 석은 통 계의 주요 과정이다.	분류 하기 표 O, X, /를 이용한 그래프	간단한 그림 그래프 막대 그래프 꺾은선 그래프	평균 그림 그래프 띠 그래프, 원 그래프	분류하기 (개수) 세기 표 만들기 그래프 그리기 표현하기 수집하기 정리하기	해석하기 설명하기 이해하기 활용하기 비교하기 문제해결하기
	가능성	가능성을 수치화 하는 경험은 확률의 기초가 된다			가능성		

이를 바탕으로 '사람들은 서로 다른 일을 하며 더불어 살아간다. 사람들은 자기 동네를 위해 기여하며 살아간다'는 큰 이해와 '사람들은 서로 다른 일을 하며 더불어 살아간다는 것을 알고 공동체에 기여할 수 있다'라는 전이 목표를 도출하였다. 이 단원을 설계하면서 우리 아이들은 마을에 대해 무엇을 알고 있는지, 무엇을 알고 싶어 하는지 아이들의 요구를 파악해야겠다는 생각을 했다. 아이들이 생각하는 마을은 어떤 모습이고 이 마을이 아이들에게 어떤 의미를 갖고 있을까? 우리 교사들이 기대하는 것처럼 마을이 실제 아이들에게 삶의 공간이고 터전의 역할을 하고 있으며 아이들도 그렇게 인식하고 있을까? 아이들이 마을을 삶의 공간으로 인식하고 있다면 마을과는 어떻게 상호작용하며 살아가고 있을까? 이러한 문제의식을 시작으로 아이들과 이 단원을 설계하고 실천하였다.

무엇을 공부할까?

KWL을 통해 알아보았던 우리 마을에 대해 아이들이 알고 있는 것과 알고 싶은 것을 정리하면 다음과 같다.

알고 있는 것

- 우리 동네에는 사람들이 많이 살아요.
- 우리 동네에는 가게들이 많아요.
- 친구들도 동네에서 살아요.
- 우리 동네에는 차들도 다녀요.
- 놀이터가 많이 있어요.
- 작은 동동 도서관도 있어요.
- 아파트도 있어요.
- 마트랑 커피숍도 있어요.
- 가게들도 많아요.
- 지역아동센터도 있어요.
- 학원들도 있어요.
- 우리 반 친구들도 우리 동네에서 살아요.
- ○○공원이 있어요.

알고 싶은 것

- 우리 동네는 언제 생겨났나요?
- 우리 동네에 몇 명이나 살아요?
- 우리 동네의 옛날 모습은 어떻게 생겼나요?
- 우리 동네 옛날 이름은 무엇이었나요?
- 우리 동네에 놀이터가 몇 개 있나요?
- 우리 동네는 얼마나 넓나요?
- 우리 반 친구들은 어디에서 살아요?
- 선생님도 우리 동네에 사나요?
- 우리 동네에 가게가 몇 개 있어요?

아이들이 마을에 대해 알고 있는 것을 살펴보면 학교를 오가면서 알게 된 사실, 보거나 경험한 것들을 중심으로 이야기한다. 알고 싶은 것에 대해서도 마을의 유래나 갖추고 있는 시설들, 친구들이 사는 곳들에 대한 것들을 궁금해하였다. 교육과정에서 도출한 내용에 아이들의 요구를 반영하여 일과 직업에 대해 알아보고 직업놀이와 직업 체험 활동, 마을 탐방, 마을의 문제점을 찾아 해결방안을 제안하고 직접 마을을 위해 실천할 수 있는 일들을 계획하여 실천하는 활동들로 단원을 계획하였다. 이러한 활동들을 통해 전이 목표에 도달하도록 탐구활동을 안내하였다.

이해했다면 무엇을 할 수 있을까?

이 단원은 협력적 문제해결과정의 흐름으로 설계한 단원이다. 우리 마을을 탐방하면서 마을 사람들이 다양한 일을 하며 살아간다는 것, 서로 다양한 일을 하기 때문에 상호의존적 관계를 유지하며 살아간다는 것을 이해하고, 탐방하면서 인식하게 된 우리 마을의 문제점을 해결하기 위한 방안을 찾고 우리가 할 수 있는 것을 직접 실천하는 과정으로 이루어진다. 마을 사람들이 하는 다양한 일들의 종류와 분포 정도를 수집하여 자료를 처리하는 방법으로 수학과에서 표와 그래프를 배우고 수집한 자료들을 표와 그래프로 나타낸다. 아이들이 이 단원에서 습득한 것을 적용하고 표현해야 할 내용이나 방법은 다

[학생용 시나리오]

마을 탐방보고서

우리 학교에는 해마다 많은 학생들이 새로 전학을 오기도 하고 선생님들이 오십니다. 처음 우리 동네에 이사 오거나 다른 지역에서 오시는 선생님들은 우리 동네에 대해 잘 모르는 경우가 많습니다. 새로 오게 된 우리 학교 공동체 가족들을 위해 우리 동네에 대해 배우고 있는 2학년 학생들이 동네 소개 자료를 만들어 교무실에 게시하고 안내하면 좋겠다는 학생자치회 의견이 있었습니다.

우리 동네 소개 지도를 제작하기 전에 학교에서 집으로 가는 방향이 같은 학생들끼리 모둠을 만들 예정입니다. 모둠별로 엄마 선생님과 함께 우리 동네를 탐방하면서 우리 동네에 사람들이 하는 일과 관련하여 어떤 가게들이 있는지 살펴보고 각각 개수를 세어 탐방 기록지에 기록합니다. 공공시설이나 기관, 교육과 관련된 곳, 음식점 종류, 마을에서 안전한 곳과 위험한 곳들을 조사하고, 우리 마을에서 사진 찍기 좋은 장소도 선정합니다.

마을을 탐방하면서 인터뷰하기로 섭외된 가게들을 방문할 예정입니다. 이를 위해 여러분이 미리 준비한 인터뷰 질문지를 바탕으로 질문하고 들은 답변들을 기록하고 정리합니다.

여러분이 동네 탐방을 모두 한 후에는 지도에 공공시설이나 기관, 교육, 맛집, 포토존, 안전과 관련하여 수집한 자료를 바탕으로 소개 자료를 제작하여 마을 지도에 표기하고 탐방 구역에 우리 마을 사람들이 하는 일을 표와 그래프로 나타냅니다.

또한 탐방하면서 여러분이 찾은 우리 마을의 여러 문제점을 살펴보고 해결방법을 생각하여 제안합니다. 여러분이 제안한 해결방법 중 우리가 직접 해결할 수 있는 일들은 실천할 예정입니다.

여러분이 모둠의 친구들과 함께 수행과제를 해결하는 과정에서 서로 협력하고 적극적으로 참여하기를 기대합니다.

여러분이 제출해야 할 결과물은 다음과 같습니다.

1. '우리 동네' 소개 지도
① 우리 동네 포토존
② 우리 동네 안전존
③ 우리 동네 교육 시설
④ 우리 동네 맛집
⑤ 우리 동네 공공기관 및 시설

2. 우리 동네 사람들이 하는 일 소개하기
① 동네 사람들이 하는 일 조사하여 기준에 따라 분류하기
② 분류한 자료를 표와 그래프로 나타내기

3. 우리 동네를 탐방하면서 찾은 문제점 해결방법 제안하기

음의 수행과제로 제시된다. 직업의 종류와 같은 단순한 지식은 퀴즈를 통해 확인하며 자기평가를 통해 학습의 과정뿐 아니라 단원 전체에 대한 성찰이 이루어진다.

이 수행과제의 채점기준은 문제인식하기, 자료 수집 및 분석하기, 해결방안 도출하기, 다양한 방법으로 표현하기, 책임감을 갖고 협력하기로 선정한다. 문제인식하기에서는 마을을 탐방하면서 우리가 해결해야 할 과제 무엇인지 파악하도록 하였다. 자료 수집 및 분석하기에서는 동네를 탐방하면서 동네 사람들이 하는 일을 가게를 중심으로 조사하고 분류기준에 따라 표와 그래프로 나타내도록 하였다. 해결방안 도출하기는 마을을 탐방하면서 알게 된 여러 가지 문제점을 찾고 이에 대한 해결방법을 제안하고 실천하도록 하였다. 다양한 방법으로 표현하기는 마을을 탐방하면서 수집한 자료를 바탕으로 포토존, 안전, 교육 시설, 맛집, 공공기관 및 시설을 지도에 표시하고 다양한 방법으로

소개하도록 하였다. 책임감을 갖고 협력하기는 인성과 관련한 기준으로 모둠의 친구들과 긍정적인 관계를 형성하여 책임감을 갖고 효과적으로 학습하기와 관련하여 학생의 자기평가와 교사 평가로 실시한다.

아이들과 알고 할 수 있어야 할 것은 어떻게 살펴볼까?

이 단원을 시작하기 전에 우리 반 아이들이 주제와 관련하여 알고 있는 것, 알고 싶어 하는 것들을 파악할 필요가 있다. 포스트잇을 활용하여 우리 동네에 대해 알고 있는 것들을 적어 보고 칠판에 붙여 가며 유목화한다. 주로 동네에서 볼 수 있는 가게들에 대한 이야기, 길 이름에 대한 것들을 안다고 생각하고 있었다. 알고 싶은 것 또는 궁금한 것들을 질문으로 적어 보도록 했더니 '우리 동네는 언제 생겨났나요, 우리 동네에 몇 명이 살고 있나요, 우리 동네의 옛날 모습은 어떻게 생겼나요, 우리 동네 옛날 이름은 무엇이었나요, 우리 동네에 놀이터가 몇 개 있나요, 우리 동네는 얼마나 넓나요'와 같은 다양한 질문들이 나왔다. 아이들이 제시한 질문을 '유래', '모습' 등의 키워드를 중심으로 유목화하였다.

이어서 아이들과 성취기준 읽기를 함께 하였다. 우리 반에서는 매 단원을 시작하면서 관련된 성취기준을 함께 읽고 분석하는 활동을 한다. 아이들에게 "우리가 이 단원을 배우고 나면 나라에서는 이것을 알고 할 수 있어야 한다고 정해 주었어요. 성취기준을 보고 중요한 낱

말을 찾아볼까요? 그리고 그 낱말들을 공부하면서 할 수 있는 활동들도 찾아봅시다." 2학년 아이들에게 지식이나 개념, 기능이라는 용어를 사용하지는 않지만 '중요한 낱말, 활동'이라는 용어를 통해 우리가 알고 할 수 있어야 할 것들을 인식하도록 한다.

> [2바05-02] 동네를 위해 할 수 있는 일을 찾아 실천하면서 일의 소중함을 안다.
> [2슬05-03] 동네의 모습을 관찰하고, 그림으로 그려 설명한다.
> [2슬05-04] 동네 사람들이 하는 일, 직업 등을 조사하여 발표한다.
> [2즐05-03] 동네 모습을 다양하게 표현한다.
> [2즐05-04] 동네에서 볼 수 있는 직업과 관련하여 놀이를 한다.
> [2수05-02] 분류한 자료를 표로 나타내고, 표로 나타내면 편리한 점을 말할 수 있다.
> [2수05-03] 분류한 자료를 O, X, / 등을 이용하여 그래프로 나타내고, 그래프로 나타내면 좋은 점을 말할 수 있다.

이 성취기준에서 아이들이 찾은 중요한 낱말은 '일의 소중함, 동네 모습, 일, 직업, 표, 그래프'다. 그리고 활동은 '관찰한다, 설명한다, 조사한다, 발표한다, 놀이한다, 나타낸다, 말할 수 있다'를 찾았다. 아이들과 함께 읽은 성취기준에서 지식은 붉은색으로, 기능은 파란색으로 표시하여 교실 게시판에 단원명 또는 주제, 핵심질문, 수행과제와 함께 게시해 놓는다.

성취기준 읽기가 끝나면 '동네 사람들은 왜 서로 다른 일을 할까요? 마을을 위해 우리는 무엇을 할 수 있나요?'라는 핵심질문과 함께 이 단원에서 우리가 해결해야 할 수행과제를 제시하면서 이번 단원에 대한 소개를 마무리한다.

우리 동네는 어떤 모습일까?

'우리 동네는 어떤 모습일까요?'라는 질문으로 수업을 시작한다. 이 수업은 주로 교사의 질문을 통해 아이들의 사고를 이끄는 활동으로 이루어진다. '왜 학교 이름이 ○○인지, 우리 동네의 옛날 모습은 어땠을지, 우리 동네는 언제 생겨났는지, 우리 동네의 옛날 이름은 무엇이었는지, 우리 반 친구들은 학교를 중심으로 어디에서 살고 있는지' 질문하고 아이들과 이야기를 나눈다. 아이들은 나름의 생각들을 나누며 다양한 추론 활동을 한다. 충분히 추론하고 생각을 나눈 후에는 교사가 준비한 자료를 제시한다. 학교 이름이 '○○'이 된 유래와 이 마을에서 '○○'이라 불린 곳의 지금의 모습과 위치를 사진 자료로 보여 준다. 그리고 마을의 옛날 이름과 이 지역에서 옛날 사람들의 생활 모습도 사진 자료로 제시한다. 이러한 자료들은 지역의 문화원 홈페이지를 검색하면 충분히 찾을 수 있다. 학교 주변이 바닷가였고, 배가 다니고, 갯벌들이 보이는 사진들을 보고 옛날 사람들이 이곳에서 어떤 일을 하며 살았을지 생각해 보도록 질문을 제시하고 함께 이야기를 나누었다.

그리고 현재 이 마을의 모습을 위성사진으로 보여 주었다. 옛날의 모습을 지금은 전혀 찾아볼 수 없다. 신도시가 만들어졌기에 배가 들어왔던 곳과 갯벌이었던 곳에 큰 도로와 아파트단지가 들어섰다. 아이들의 질문이 이어진다. '그럼 지금은 사람들이 어떤 일을 하며 살아요?' 이 아이의 질문을 통해 우리가 이 단원에서 함께 공부할 방향을 확인하게 된다. 교사는 위성사진을 미리 출력해 아이들의 주소를 확인하며 아이들의 집을 표시해 두었던 자료를 보여 주었다. 학교를 중심으로 아이들의 사는 곳이 한눈에 보였다. 우리가 마을을 탐방하면서 학교와 집을 오가는 방향이 같은 친구들끼리 한 모둠을 만들어 활동할 거라고 말해 두었다.

일은 사람들에게 어떤 의미가 있을까?

『비정규 씨, 출근하세요?』라는 책을 함께 읽었다. 책 속에 다양한 비정규직으로 일하는 사람들의 이야기가 나온다. '비정규직'이라는 용어에 대해 아이들은 아르바이트를 떠올린다. 하지만 이 용어 안에는 단순히 아이들이 알고 있는 것처럼 시간제 아르바이트의 범위를 넘어선다. 정규직과 비정규직이 함께 공존하면서 접할 수 있는 다양한 상황에 대한 이야기를 나누었다. 그리고 직업을 가진 사람들이 가져야 할 직업윤리에 대한 이야기도 나눈다. 책임과 의무, 그리고 직업이 가지는 의미가 무엇인지에 대해서도 생각해 본다. 아이들에게 '꼭 직업을 가져야 할까? 직업이 뭘까? 직업이 없다면 어떤 일이 생길까? 직업이 있어서 좋은 점은 무엇일까?'와 같은 질문을 던졌다. 사람들이 하는 일이 반드시 직업일 수는 없다. 반드시 직업일 필요도 없다. 하지만, 직업을 가져야 하는 이유와 관련하여 아이들은 먹고사는 생계와 연결할 줄 알았다. 책의 내용은 원하지 않지만 생계를 위해 직업을 가져야 하는 사람들 이야기에서 부모님의 일과 직업에 대한 이야기로 연결된다. 아이들은 책 속의 이야기에서 자기의 삶 속에서 직업을 가진 부모님의 이야기를 하면서 부모님께 감사하다는 이야기를 한다. 부모님께 고마워하는 마음을 갖고 표현할 줄 아는 모습이 기특하다.

아이들의 학년 수준을 고려하여 단순화한 직업분류체계를 제시하고 읽는 방법을 설명해 주었다. 교사도 아이들도 처음 접한 다양한 직업들이 있었다. 직업분류체계에서 제시한 분류기준이 조금 어렵기는 했지만 분류하기는 1학년 때부터 배워 오던 것이고 1학기 수학시간에도 배웠던 부분이라 분류기준이 무엇을 뜻하는지 분류기준에 따라 분류한다는 것이 무엇인지는 알고 있어 낯설고 조금은 어려운 직업이름이지만 분류체계표가 가진 의미를 안내했다. 그리고 다양한 직업의 종류로 퀴즈를 내었다. 직업에서 하는 일, 그 직업이 어느 분류에 속하는지, 직업의 이름, 그 직업을 가진 사람을 부르는 말 등을 퀴즈형식으로 확인했다.

수학 빌려오기:
사람들이 이해하기 쉽게 자료를 제시하려면
어떻게 표현하면 좋을까?

직업분류체계를 안내한 후에는 우리 부모님의 직업군을 조사해 오도록 했다. 구체적으로 어떤 일을 하시는지 조사하는 것은 직업에 따라 조금 민감한 부분도 있고 실제 부모님 중에는 직업을 알리고 싶지 않은 분들도 계시기 때문에 분류체계표의 직업군에 체크만 할 수 있도록 과제를 제시했다. '직업'보다는 사람들이 다양한 '일'을 하며 더불어 살아가는 상호의존에 초점이 맞추어져 있기에 아이들에게 과제를 제시할 때도 구체적인 직업을 표시하지 않도록 하였다. 이 과제 제시는 수학 시간에 자료처리 방법을 충분히 학습한 후 우리 반 부모님의 직업군을 표와 그래프로 정리하는 준비 과정이다.

수학 교과서와 다양한 자료들을 활용하여 표와 그래프로 나타내기, 표와 그래프로 나타내는 방법 알기, 표와 그래프로 나타내면 좋은 점, 표와 그래프를 해석하는 방법을 알고 해석해 보는 활동을 한다. 표와 그래프를 활용하여 자료를 표현하는 이 활동은 대부분의 아이들이 어렵지 않게 해결한다. 미리 과제로 제시하여 준비한 우리 반 부모님의 직업군 자료를 활용할 차례다. 직업분류체계를 다시 확인한 후 아이들이 개별적으로 친구들의 부모님 직업군을 수집하는 활동을 했다. 그리고 표와 그래프로 나타내고 설명하는 활동을 했다. 직업분류체계에 따라 표와 그래프에서 항목을 묶어내는 활동을 조금 어려워했다. 그래서 항목을 묶어내는 것은 교사의 안내에 따라 정하였다. 표와 그래프로 나타내고 아이들이 알게 된 사실은 '우리 엄마 아빠는 다양한 일을 하시는구나'라는 것이었다. 특정한 어떤 직업군에 집중된 것이 아니라 매우 다양한 일을 하며 살아가시는 모습을 확인할 수 있었다. 표와 그래프로 나타냈을 때 정확한 정보를 안다거나 한눈에 알아볼 수 있는 장점이 있다는 사실로 결론을 내리기에는 자료가 충분하지 않았을 수도 있지만 아이들의 자료를 해석하는 능력이 놀라울 뿐이었다.

사람들은 왜 서로 다른 일을 할까?

직업놀이 하기

다양한 직업의 종류와 함께 각각의 직업에서 하는 일을 알아본 후에 직업놀이를 하기로 하였다. 직업놀이를 위해 직업군에 따라 있을 수 있는 구체적인 몇 가지 상황을 제시했다. 예를 들어 병원에서 일하는 사람들로 의사, 간호사, 약사가 있다면 진료를 받는 사람들을 그룹으로 묶었다. 가게와 관련된 일을 하고 싶어 하는 친구들은 가게에서 물건을 파는 사람, 설명해 주는 사람, 물건을 사는 사람들처럼 서로의 역할들을 다양하게 해 볼 수 있도록 했고 실제 직업놀이는 부스체험처럼 진행되었다. 아이들이 직업과 역할, 대본 쓰기, 소품 만들기와 같은 준비를 직접 했다. 모둠에 따라 상황이 반영된 대본 쓰기를 어려워하는 경우 교사의 안내가 필요했고, 예시로 보여 주는 대본들 또는 말대본을 만들어 가며 놀이에 참여했다. 직업놀이를 마치고 소감을 나누는 활동에서 아이들이 재미있었다는 이야기도 많았지만 '힘들었다, 부모님이 고마웠다, 친절하게 설명해 주는 것이 어려웠다, 나중에 커서 일을 잘할 수 있을 것 같다'와 같은 다양한 이야기들을 소감으로 나누었다.

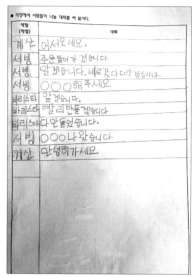

직업 놀이 계획서

■ 2학년 ( )반 ( )모둠 모둠원 4명

우리 모둠이 선택한 직장은?	커 피 숍
선택한 직장엔 어떤 직업이 있나요?	바리스타, 서빙, 계산, 손님
직장의 이름을 모둠이 함께 만들어 보세요.	별 뚝 별 카 페

직업	순서(모둠원 이름 적기) 1 2 3 4 5
바리스타	하율 더울 강혁 채훈
서빙	더울 하율 채훈 강혁
계산	강혁 채훈 하율 미뤼
손님	○○ ○○ ○○ ○○

직업 놀이에서 직업을 맡을 사람의 순서를 정해 봅시다

학교에서 모둠에 맡게 준비할 것들	종이컵
집에서 가져올 것들 (가져올 모둠원)	음료수 🥤콜라, 판

준비 물 준비하기

직업놀이 계획서

■ 직장에서 사람들이 나눌 대화를 써 봅시다.

역할 (직업)	대화
계산	어서오세요.
서빙	주문 들어가 겠습니다.
서빙	알겠습니다. 바로 갖다 드리 겠습니다.
서빙	○○○ 해 주세요
바리스타	알겠습니다.
바리스타	빨리 만들 겠습니다
바리스타	다 만들었습니다.
서빙	○○○ 나왔습니다
계산	안녕히 가세요

'직업놀이'를 하고 난 서

2학년 1반 ( )번 이름 ( )

1. '직업놀이'에서 무엇을 배웠나요?

직업을 많이 알 게되어요! 우리모둠 한 커피숍에 역할들 과 리 인, 직원사, 계산원, 서빙 하는 일 몇몇 직업 이다 판 리 인은 강아지 축하 인사를 하고, 의사 는 아픈 지 않아 몸지 보고, 계산원은 계산을 하고, 서빙은 강아지가 많은 고를 안내

2. '직업놀이'를 배우는 것이 왜 중요한가요?

어른 이 되 서 직업을 많이 알면 일해서 돈을 벌어야 하니 까

3. '직업놀이'를 배우고 무엇을 할 수 있나요?

직업이들 생각 하 직업을 가진고, 나중에 서 실을 어질 직업을 둘 길 다

4. '직업놀이'를 공부하면서 어떤 생각이 들었는지 소감을 써보세요. 우리 동네에는 다양한 직업을 가진 사람들이 살아가고 있어요. 각 직업을 맡다 하는 일이 다르지요. 직업놀이를 계획하고 준비하고 직업 체험하면서 어떤 생각이 들었나요?

직업 이 쉬운 직업 참 없는데 다 똑같아 어려운 일

직업놀이 신실기

직업체험학습 다녀오기

초등학생들을 대상으로 하는 진로체험 학습장이 몇 곳 있다. 학교에서 하는 직업놀이는 충분히 아이들이 체험하기에 한계가 있어 현장학습으로 진로체험관을 가기로 했다. 홈페이지를 통해 체험 학습장의 다양한 체험 부스를 찾아보고 체험을 희망하는 직업들이 아이들마다 서로 달라서 함께 할 친구들끼리 모둠을 만들도록 했다. 그리고 모둠별로 체험 학습장의 지도를 보면서 체험 순서를 정하도록 했다. 물론 당일 계획대로 진행되지 않을 수 있다는 것도 안내했다. 그리고 안전하게 체험하는 방법, 체험 학습장에서 지켜야 할 약속을 함께 이야기 나누었다. 대부분의 아이들이 6~7개 정도의 직업체험관을 계획했지만 실제 체험장에서는 4~5개 정도의 체험을 할 수 있었다. 학부모 명예교사와 함께 모든 아이들이 되도록 계획한 체험을 모두 할 수 있도록 최대한 도와주었으나 아쉬움이 남는 모둠도 있었다.

교사의 관점에 따라 이러한 체험 학습장이 단순한 흥미와 재미만을 위한 장소라 이야기하기도 한다. 하지만 학교나 가정에서 해 줄 수 없는 체험을 해 줄 수 있다는 것, 우리 학교의 아이들 중에는 부모님이 직접 동행하지 못해서 개별적으로 체험이 어려운 아이들도 있다는 것, 그리고 체험계획을 세우고 체험을 함께 해 가면서 친구들과 함께 하는 협의 과정에서 의사결정하고 문제를 해결해 가는 경험을 갖게 한다는 점에서 긍정적인 측면이 더 크다고 생각한다. 체험학습을 다녀온 후에 체험하면서 알게 된 것, 느낀 것을 함께 이야기 나누는 시간을 가졌다.

마을 탐방 모둠 구성하기

2학년 교사들은 사전에 아이들이 탐방할 코스들을 답사했다. 골목 골목 아이들이 살펴보아야 할 가게들, 시설들, 사람들의 모습, 자연경관, 이정표, 차가 다니는 도로나 걸어 다닐 골목들까지 꼼꼼하게 살펴보며 위험 요소들도 확인하였다. 사진을 찍고 아이들이 익숙하게 대했던 공간을 보여 주며 동기유발에 활용하기도 하고 실제 탐방하면서 누락된 곳들이 있을 때 보완 자료로 사용할 예정이었다. 답사를 하면서 '우리 아이들이 이런 동네에서 살고 있었구나. 그동안 우리 아이들이 살아가는 공간에 대한 이해가 부족했구나. 다음에 학교를 옮기면 아이들이 살아가는 공간에 대한 사전답사를 꼭 해야겠다'는 이야기들을 나누었다.

지도와 답사한 결과들을 반영하여 학교를 중심으로 아이들이 살고 있는 구역을 다섯 개로 나누었다. 길을 중심으로 나누기도 하고 모둠별 인원이 3~4명 정도 되도록 조정했다. 어떤 모둠은 상가 지역을 중심으로 가고, 어떤 모둠은 아파트 지역과 상가 지역을, 어떤 모둠은 빌라 밀집 지역을 갔었다. 학년 선생님들과 협의를 통해 학급 단위로 마을을 탐방하며 자세히 들여다보거나 서로 소통하는 데는 어려움이 있고 무엇보다 안전을 위해 소규모로 활동하는 것이 가장 좋겠다는 결론을 내렸다. 소규모의 탐방이 동시다발적으로 이루어지기 위해서는 학부모 명예교사의 도움이 필요했다. 알림장을 통해 도움 주실 분들을 모집했고 다행히 협조적인 몇 분이 지원해 주셨다. 모둠을 만들고 학교를 중심으로 같은 방향의 친구들이 누구인지 확인한 후 학구의 지도와 함께 직접 탐방할 구역별 지도를 나누어 준다. 단원을 시작할 때 아이들이 사는 곳을 표시한 지도를 살펴보면서 구역별 지도에 자기 집을 표시하도록 한다. 그리고 마을 탐방의 순서를 정하도록 했다. 학교에서 출발하여 이동하는 길과 들러야 할 친구의 집 순서를 표시해 보도록 한다. 그리고 모둠 친구들과 함께 학교와 집을 오갈 때 안전한 길이 어디인지, 무엇을 볼 수 있는지, 궁금한 점은 무엇인지, 알고 싶은 것이 무엇인지 함께 이야기 나누는 시간을 가졌다.

탐방 계획 세우기

모둠을 구성한 후 아이들은 친구들의 집과 가게들, 인터뷰할 곳들을 포함한 탐방 코스를 정하고 탐방하면서 해야 할 여러 가지 활동들을 계획하였다. 기록하여 조사할 내용이 무엇인지, 인터뷰할 때 질문한 내용, 인터뷰하면서 지켜야 할 예절, 누가 질문하고 누가 기록할 것인지, 탐방하면서 필요한 준비물이 무엇인지, 수집한 자료는 어떻게 정리할 것인지 등 아이들이 계획하고 준비할 것들이 많았다.

아이들이 이러한 활동을 하는 동안 교사는 학부모 명예교사를 통해 구역별로 아이들이 인터뷰할 가게들을 두세 곳 섭외해 주실 것을 요청했다. 마을에서 일하시는 분들을 직접 만나서 하시는 일에 대한 소개, 하면서 보람되거나 어려웠던 점, 아이들에게 해 주시고 싶은 말씀들을 듣는 시간을 가지면서 아이들이 어른들의 '일'에 관심을 갖게 하려고 하였다. 어린이집, 금융기관, 웨딩 사진관, 음식점, 제과점 등 종류가 다양했다. 명예교사를 해 주시는 분들에게 연수도 필요했

마을 탐방 계획서

<table>
<tr>
<td colspan="2">
어서 와!
우리 동네는 처음이지?
프로젝트 학습지
</td>
</tr>
</table>

어서 와!
우리 동네는 처음이지?
프로젝트 학습지

2학년 ( )반 ( )번	이름	
같은 조 친구들		조사 지역
내가 맡은 역할		

우리 동네 직장(가게) 종류 조사표

■ 동네를 다니면서 발견한 직장(또는 가게)이나 장소의 종류를 적고 몇 군데나 있는지 ##### 를 사용하여 수를 세어 보세요.

직장(가게) 이름	
개수	

직장(가게) 이름	
개수	

직장(가게) 이름	
개수	

인터뷰 질문지

■ 동네를 다니면서 방문한 장소에서 일하시는 분과 인터뷰를 해 봅시다.

방문한 직장(가게) 이름		인터뷰한 분 성함	
하시는 일			

■ 질문 1

■ 답변

■ 질문 2

■ 답변

■ 질문 3

■ 답변

마을 탐방 학습지

다. 우리가 지금 배우고 있는 것이 어떤 것인지, 어떤 목적으로 하는지, 협조해 주실 부분이 무엇인지, 아이들을 어떻게 지원해 주셔야 하는지 등에 대한 자세한 안내를 위한 협의회 시간을 가졌다. 안내하고 협의한 내용은 다음과 같다.

학부모 명예교사의 역할

- 안전 관련: 교통규칙 지키기, 모둠에서 이탈하지 않기, 골목길 조심히 다니기, 위험한 행동하지 않기, 길을 잘 보고 다니기
- 아이들이 해야 할 일: 가게 종류 개수 세고 학습지에 표기하기(직업 표와 그래프 만들 자료수집)
- 사진 촬영하기: 친구 집 앞, 가게(맛집, 교육, 공공기관이나 시설, 포토존), 인터뷰 모습
- 주의할 점: 그림자 선생님의 역할로 끌고 가지 않기
- 인터뷰 가게 섭외(사전에 섭외)

마을 탐방 계획을 세우고 나서는 아이들과 함께 교통안전교육이나 방문지에서의 예절, 서로의 역할에 책임 다하기와 같은 부분을 다시 한번 안내하였다. 학교를 중심으로 가까운 마을을 체험학습의 형태로 이루어지는 탐방이기는 하지만 치밀하고 꼼꼼한 준비와 함께 비상 시 대처할 준비도 필요했다.

마을 탐방하기

네 분의 학부모 명예교사와 교사가 동행하는 마을 탐방을 시작하였다. 학교를 출발하며 기념사진을 찍고 아이들이 계획한 탐방 코스

를 확인해 가며 마을을 돌았다. 아이들 집 앞에서도 함께 사진 찍고 다니면서 가게들 종류도 확인하고 숫자들을 세어 가며 열심히 기록도 하였다. 아파트 관리사무소, 놀이터와 같은 공공시설, 세탁소, 마트와 같은 가게들의 이름도 기록했다. 우리 팀은 네 명이었고 두 명은 같은 아파트단지에, 다른 한 명은 그 옆 아파트단지에, 또 한 명은 큰 길을 건너 상가 지역에 집이 있어 아이들의 이동 경로가 멀었다. 아이들의 집을 포함하여 동네 구석구석 가게들을 모두 살피는 건 쉬운 일은 아니었다.

인터뷰하기로 섭외한 웨딩 사진관을 들렀다. 지난해에 담임했던 아이의 부모님이 운영하시는 곳이었다. 아이들은 '왜 일을 하고 계시는지, 힘든 일은 무엇인지, 언제부터 했는지, 몇 시에 시작해서 몇 시까지 일하는지'와 같이 일과 관련된 질문도 했지만 '이름이 무엇인지, 나이는 몇 살인지'와 같은 개인적인 질문들도 하였다. 식당에서는 아이들이 준비한 공통된 질문을 하기도 하고 '어떤 메뉴가 맛있는지'를 묻는 질문에 모두 유쾌한 웃음으로 마무리하기도 하였다. 하지만 두 시간이 넘어가자 힘들다는 말이 절로 나왔다. 놀이터에서 아이스크림을 먹으며 잠시 쉬면서 다른 반 친구들을 만나기도 하였다. 서로 반갑게 인사하며 어디를 다녔는지 이야기도 나눈다. 학교 밖에서 만나는 친구들을 얼마나 반가워하는지 학교에서는 다르게 반가운 인사들을 나누고 헤어졌다. 마지막으로 인터뷰할 제과점에 들렀다. 그곳에서는 아이들에게 반죽하고 빵을 만드는 과정, 굽는 과정과 함께 주방 시설에 대해서도 친절하게 설명해 주셨다. 인터뷰를 마치고 나올 때 아이들을 위해 빵을 선물해 주셨다. 우리 아이들이 다닌 가게들에서 만난 분들마다 아이들의 탐방 활동을 매우 긍정적으로 말씀해 주시고 격려해 주셔서 아이들도 교사도 기분 좋게 활동했다. 아이들과 우리 구역의 포토존이 어디인지 함께 이야기 나누며 정하고 그곳에서 사진도 찍었다. 우리 마을의 특징이 잘 드러나는 장소를 찾고 싶었지만 아이들은 배경이 예쁜 곳을 정하고 싶어하기에 그 의견을 존중해 주었다. 학교에 돌아와 보니 먼저 온 아이들이 학부모 명예교사와 함께 기다리고 있었다. 많이 걸어서 힘들었다고 하소연을 하면서도 다니면서 보았던 다양한 시설이나 건물, 가게들, 인터뷰하면서 있었던 다양한 에피소드를 나누느라 흥분된 모습이다.

모든 모둠이 무사히 학교로 돌아왔다. 아이들은 탐방하는 과정에서 교사가 말하지 않아도 길을 건널 때 스스로 손을 들고 좌우를 살피며 조심히 건너는 모습, 경로를 이탈하려는 친구를 챙기고, 힘들어하는 친구들을 서로 격려하며 짐도 들어주는 따뜻한 모습을 보여 주었다. 갑자기 아이들이 부쩍 큰 느낌이다.

웨딩 사진관에서 면담하기

길에서 만난 어른 면담하기

우리 동네 소개 자료 만들기

탐방하면서 수집한 자료들을 정리할 차례다. 명예교사분들이 찍어 주신 사진 자료의 양이 어마어마하게 많았다. 특징이 잘 드러난 사진들을 선정하는 데도 시간이 많이 들었다. 최종적으로는 아이들이 사진을 선택하도록 여러 종류의 사진을 인쇄했다. 아이들은 사진 자료들을 활용하여 소개 자료를 만들면서 탐방할 때의 여러 에피소드를 담아냈다. 어린이집, 은행, 친구네 식당, 놀이터에서 있었던 일 등의 이야기들이 소개 자료에 들어가기도 하였다. 간단하게 가게 이름만 소개하는 모둠들도 있었다. 인터뷰한 곳들을 소개하고 종류별로 지도에 붙였다. 포토존, 안전, 학원이나 유치원 등을 포함한 교육 시설, 맛집, 공공기관과 공공시설의 5종 지도가 완성되었다. 소개하는 방법을 어려워하는 친구들을 위해 교사가 미리 작성한 소개 카드를 예시로 보여 주고 참고하도록 하였다.

이 지도에 마을 사람들이 하는 일을 정리하여 표와 그래프로 나타내도록 하였다. 표와 그래프를 보면서 결과를 해석하고 설명하도록 했다. 어떤 구역은 음식점이 가장 많고 어떤 구역은 카센터나 세차장과 같이 차와 관련된 가게가 많은 곳도 있었다. 평소에 잘 들어 보지 못한 가게 종류들도 있었고, 있었는지 의식하지 못했던 곳들도 많았다. 전체적으로 매우 다양한 가게 종류들이 있었다.

모둠별로 돌아가면서 소개 자료를 설명하고 질의응답 받는 시간을 가졌다. 다른 구역을 조사한 친구들에게 다양한 질문을 할 거라고 예상했으나 의외로 그렇게 큰 관심이 없었다. 아이들은 실제로 자기가 탐방했던 곳들에 관심을 더 많이 가졌다. 아마 자기가 살고 있는 실질적인 공간이라 그런 것이 아닐까. 완성된 지도는 교실 게시판과 복도, 교무실에 전시하여 전입 온 학생이나 학부모님을 위한 안내용으로 활용할 수 있도록 했다. 이 지도는 우리 아이들의 교육활동을 홍보하는 역할을 하기도 하였다.

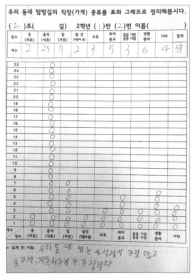

자료 정리 및 분석-표와 그래프로 나타내기

부모님 직업군을 표와 그래프로 나타내기

마을을 위해 우리는 무엇을 할 수 있을까?

소개 자료를 만들고 소개하는 과정에서 아이들은 놀이터나 길가에 쓰레기가 많다는 것, 쓰레기봉투를 모아 놓은 곳들이 더럽고 복잡하

자기평가

맛집 지도

인터뷰 결과 정리

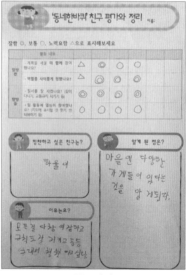

동료평가

다는 것, 놀이터 모래에 강아지나 고양이의 변들이 많이 섞여 있기도 하고 깨진 유리 조각들이 굴러다녀서 위험하게 생각되었다는 점을 이야기했다. 고장 난 채 방치된 놀이터 의자 이야기도 하였다. 하지만 사진 자료에 이러한 모습들이 드러나지 않았다. 그래서 교사들만 다시 탐방한 코스들을 둘러보며 위험 요소들, 개선되어야 할 부분에 대한 모습들을 사진에 담았다. 동시에 학부모님들을 대상으로 설문을 실시했다. 우리 동네의 좋은 점, 좋은 이유, 개선할 점, 개선하고 싶은 방법 등을 물었다. 다양한 의견들이 많이 나왔다. 설문 결과를 아이들과 학부모님께 공유했다. 아이들과 함께 설문 결과에서 나온 여러 가지 문제점과 탐방하면서 알게 된 부분, 해결방법들을 이야기 나누었다. 그리고 해결방안들을 정리하여 동네 사람들과 주민 센터에 제안하는 글쓰기를 하였다.

아이들이 탐방하면서 찾아낸 문제점과 설문 결과에서 가장 많이 언급된 것은 마을의 쓰레기 문제였다. 놀이터나 공원, 골목, 학교 주변에 쓰레기가 많이 보였던 모양이다. 그래서 우리 반 친구들이 직접 학교 주변과 학교 앞 공원의 쓰레기를 줍기로 하였다. 찾아낸 문제를 직접 해결하기로 결정한 것이라 그런지 아이들의 참여도는 매우 높았다. 가장 많은 쓰레기는 담배꽁초였다. 쓰레기를 줍고 난 후 아이들은 쓰레기를 버리지 말고 마을을 깨끗이 하자는 내용으로 캠페인을 제안했다. 이 활동은 학교 대토론회를 통해 의견을 제안했고 다음 학년도 교육과정에 반영하기로 했다.

우리가 이 활동을 하는 동안 학교에서도 마을교육과정에 대한 관

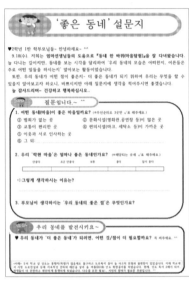

'좋은 동네' 설문지

설문 결과

설문 결과

심이 높았다. 학교 교육과정 설문, 교육과정 워크숍, 대토론회를 통해 마을교육과정에 대한 활발한 논의들이 이루어졌다. 학교 앞에 있는 공원이나 놀이터에서 생기는 여러 문제점을 해결하기 위한 방안들이 나왔고 그 방안들을 교육과정에서 어떻게 펼쳐 가야 할지 방향을 설정하기도 하였다.

우리는 무엇을 알고 무엇을 할 수 있게 되었을까?

단원이 끝나고 아이들은 채점기준에 따라 수행과정과 결과물에 대해 평가하는 시간을 갖는다. 수행해야 할 문제가 무엇인지, 그 문제를 해결하기 위한 수행 결과와 결과물들에 대한 평가뿐 아니라 해결과정에 참여할 때는 협력적 태도와 책임에 대해서도 돌아보는 시간을 갖는다. 이 단원의 수행과정 전체에 대한 성찰과정은 교사의 안내에 따라 이루어지기도 하며 아이들이 스스로 돌아보기도 한다. 그리고 '이 단원에서 무엇을 배웠는지, 이 단원을 배우는 것이 왜 중요한지, 이 단원을 배우고 할 수 있는 것이 무엇인지, 이 단원을 배우면서 소감은 어떤지'의 질문으로 구성된 단원 성찰지를 작성한다. 아이들은 '이 단원을 배우고 무엇을 할 수 있는지'에 대한 질문에 관심이 높다. 가까운 미래부터 어른이 된 먼 미래까지를 바라보며 자기가 할 수 있는 일들에 대해 생각을 나눈다.

이 단원을 실행하고

교육과정을 설계하고 수업으로 실천하면서 가장 중요한 것은 삶으로의 전이라고 생각한다. 이 단원을 마무리하고 돌아보니 교과와 교과의 통합이 교과와 삶의 통합으로 확장된 것 같다. 1학년 마을 영역을 가르칠 때 '나는 이웃이 없어요'라는 아이들이 매우 많아 당황했던 적이 있다. 하지만 생각해 보니 그럴 만했다. 아이들은 '마을'이나 '이웃'에 대한 개념이 명확하지 않다. 더 정확히 말하면 아이들에게 이웃이나 마을이라는 개념이 와닿지 않고 그렇게 중요한 것이 아니었을 수도 있다. 아이들의 이런 응답을 듣고 나서 '마을교육과정'에 대해 다시 생각해 보았다. 학교가 마을의 중심이 되었고 마을에 미치는 영향력이 컸던 과거와 달리 지금은 학교의 역할이 많이 달라졌다. 특히나 도시에서 학교는 마을에 있는 여러 공공기관 중의 하나일 뿐일 수 있다. 의무교육 기관으로 아이들의 삶에 매우 중요하게 영향을 미치는 곳이기는 하지만 마을 안에서의 역할은 또 다르다는 사실을 새롭게 알게 되었다. 마을과 학교의 관계, 그 속에서 생활하는 아이들의 삶에 대해 다시 생각해 볼 필요가 있었다. 마을의 경계는 어디까지일까? 아이들이 생각하는 마을과 교육과정에서 말하는 마을의 경계는 같을까? 우리는 마을교육과정으로 아이들의 삶에 무엇을 주고 싶은 것일까?

그래서 더욱 마을로 나가는 학교가 필요하다고 생각했다. 아이들이 살아가는 마을이 단순히 물리적 공간이 아닌 마음을 나누고 성장시키는 삶의 터전으로서 공간의 의미를 가지면 좋겠다는 생각을 했다. 우리 아이들이 알고 있는 마을이 어떤 것인지, 마을에 대해 궁금한 것이 무엇인지를 확인하는 시작 지점부터 마을의 문제점들을 해결하는 과정까지 아이들의 삶이 이미 교실 속으로 들어온 것 같다. '우리 학교의 좋은 점은 우리 마을에 우리 학교가 있다는 것이다'와 같은 설문 응답이 감동을 준다. 마을에서 학교가 갖는 의미와 역할에 대해 새롭게 고민하게 된 단원이었다.

5부

초학문적 통합단원 실제

우리는 어떻게 가치를 만드는가?

1.
초학문적 통합단원 어떻게 설계할까?

왜 초학문적 통합을 하나요?

언제부터인가 교실에서 '앙 기모띠'라는 소리가 들린다. 무슨 뜻인 지도 모른 채 무비판적으로 유행어처럼 소비하는 아이들. 그 단어의 뜻을 알려 주고, 인디스쿨을 뒤져 왜 그런 단어를 사용하면 안 되는 지에 대한 수업을 했다. 우리가 평소에 쓰는 욕설, 비속어, 또 성적으 로 불쾌감을 줄 수 있는 단어들의 뜻을 알고 나니 확실히 그런 표현 을 쓰는 아이들은 줄어들었다. 그런데 한 달 정도 지났을까? 이번에 는 '꼴페미'라는 단어를 사용하는 아이를 보고 말았다.

무엇이 어디서부터 잘못된 것일까? 그 단어를 쓰는 아이에게 큰 악 의는 없어 보인다. 유튜브와 같은 매체에서 그런 단어를 쓰고 깔깔 웃는 사람들을 보고, 나도 그런 말을 쓰면 재미있으리라 생각한 것뿐 이다. 매체 교육을 하고, 아이들이 현재 사용하는 단어들에 대해 교 육을 해도 그때뿐이었다. 새로운 자극적인 단어가 들려오면 다시 그 단어를 사용하는 아이들을 보게 된다. 그때그때 신속한 대응 차원의 수업도 물론 중요하지만, 아이들의 근본적인 변화를 가져오기에는 차시 단위의 임기응변식 수업으로는 역부족처럼 느껴졌다.

물론 '아! 이 단어는 쓰면 안 되는 단어구나!'를 주입식으로 배우고 나면 아이들은 해당 단어를 사용하지는 않는다. 하지만 비슷한 의미의 새로운 단어를 접했을 때 그 단어를 스스로 판단해 보고, 스스로 점검해 보는 단계까지는 이르지 못한다. 근본적인 변화를 위해서는 아이들이 스스로 무엇이 문제인지 진단하고 그 문제의 원인을 고민해 보며, 사람들에게 문제를 알려 보기도 하고 해결할 방안까지도 생각해 보는 경험이 필요할 것이다. 하지만 이런 수업을 하기에 6학년 교육과정에는 적당한 단원, 성취기준이 보이지 않는다. 이런 경우 교사는 초학문적 통합 방법을 적극적으로 고려해 볼 수 있다.

초학문적 통합의 교육과정 설계는 다학문적 통합, 간학문적 통합과 달리 교과의 성취기준으로부터 출발하지 않는다. 초학문적 통합 수업의 출발은 학습자의 질문이나 사회의 이슈와 같은 현실 세계의 내용으로부터 수업 설계가 시작된다. 따라서 학습자의 삶에서 수업이 시작되고, 그렇기 때문에 학습자는 초학문적 통합 수업에 참여할 때 '나와 상관없는 이야기'가 아니라 '내 이야기'로 수업을 받아들이게 된다. 교수자는 학습자의 삶으로부터 출발한 수업의 내용을 적절한 교과나 학문의 내용 및 기능과 연결해 주어야 한다. 자신의 삶이 교과나 학문의 내용 및 기능과 연결되어 있음을 발견하고, 그러한 내용과 기능을 활용하여 실제 삶의 문제를 해결해 보는 기회를 가질 때,

학생의 학습경험의 질은 근본적으로 변화할 수 있을 것이다. 또한 교과나 교과 기반 학문의 내용과 기능이 내 삶을 변화시키는 데 유용하다 생각하여 학습에 주도성을 갖게 될 것이다.

무엇을 배울 것인가?

이 수업은 아이들의 언어 사용에서 시작되었다. 유행어처럼 사용하는 아이들의 언어 속에서 성차별적인 단어가 존재함을 알리고, 성평등과 관련하여 무엇이 궁금하고 알고 싶은지 아이들에게 물어보았다. "왜 무거운 짐은 대부분 남자보고 들라고 하나요?", "왜 남자는 군대를 꼭 가야 하는데 여자는 선택인가요?"와 같은 질문부터 "페미니스트는 여성 우월주의를 말한다는데 사실인가요?", "성소수자가 뭐죠?, 정확한 설명이 궁금해요"와 같은 질문까지 다양한 질문들이 나왔고, 간단하게 왜 이것이 궁금한지, 그리고 이에 대해 어느 정도 알고 있는지 아이들과 대화를 나누었다.

보통 5, 6학년 학생들에게 이 주제는 매우 뜨거운 이슈이다. 남성과 여성에 대해 인식하고, 젠더에게 요구하는 성역할을 내면화하는 시기이며, 요구되는 성역할과 실제 자신과의 차이 때문에 부조리함을 느끼는 시기이기 때문이다. 그래서 지금 현재 우리 사회가 성평등한 사회인지에 대한 학생들의 현재 생각을 추가로 물어보았다. 학급 학생의 약 20% 정도는 과거에 비해 상당한 수준의 평등한 사회가 되었다고 생각하고 있었고, 80% 정도는 아직도 여전히 불평등하다고 느끼고 있었다. 평등해졌다고 느끼는 아이들과 불평등하다고 느끼는 아이들의 이유는 저마다 달라서 인식 차이가 큼을 느낄 수 있었다.

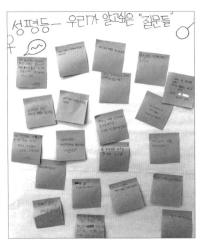

성평등 학생 설문

두 번째 질문에 대해 이야기를 나누던 와중에 감정이 격해지는 아이들도 생겼다. 남자가 뚱뚱하면 아무 말 안 하면서 여자가 뚱뚱하면 자기관리 안 한다고 그만 먹으라는 얘기를 집에서 들었다는 아이, 여자는 마음대로 남자애들을 때리고 만지면서 남자가 실수로 여자를 터치하게 되면 변태라고 놀림을 받았다는 아이, 아이돌 춤을 따라 췄다고 남자가 계집애같이 군다는 얘기를 들었다는 아이, 그리고 단골 레퍼토리인 군대는 왜 남자만 가느냐는 아이까지. 처음에는 내 성 gender이 더 차별받는다고 소리 높여 얘기하던 아이들이 점점 얘기를 나누면서 '차별이 내게만 있었던 건 아니었구나'를 느끼는 지점으로 나아가게 되었고, 이에 이 주제에 대해 깊게 알아 가고 싶다는 반응을 보였다.

초학문적 통합 수업에서는 아이들이 직접 주제를 선정하는 것도 가능하며 교사가 아이들의 삶 속에서 주제를 발견해 가도록 유도해 주는 것도 가능하다. 무엇을 배우고 싶은지에 대해 스스로 느끼고 고민하게 되면 학습자의 내적 학습 동기를 높일 수 있다. 이 수업의 경우 교사가 아이들의 언어생활 속에서 문제를 발견하고, 그 문제를 학급 전체와 공유하는 과정에서 무엇을 배우고 싶은지 아이들과 함께 결정하는 과정을 거쳤다. 이 과정에서 아이들은 내적 학습 동기와 주도성을 갖게 된다. 이처럼 '무엇을 배울 것인가'를 학생들과 함께 정하였다면 이제 다음 단계는 교사가 아이들의 관심을 자연스럽게 교과의 내용과 기능들로 어떻게 연결해 줄 것인가를 고민하는 것이다.

학습자의 관심과 교과의 내용·기능을 어떻게 연결할 것인가?

아이들과 함께 정한 배움의 주제는 '성평등'이지만 '성평등'은 큰 이해를 수반으로 한 개념이기보다는 단순 'Topic'에 가깝다. 따라서 교사는 '성평등을 가르쳐야겠다'라고 바로 결정하고 그 지점에서 교육과정 설계에 대한 고민을 출발하는 것이 아니라 '이 주제를 어떠한 과정을 거쳐 학습해야 하는가?'를 고민하여야 한다. '학습자에게 어떤 경험을 제공하여 줄 것인가', '학습자가 어떤 역량을 발휘하게끔 할 것인가'를 고민하여야 한다는 것이다. 같은 성평등을 주제로 한 수업이라도 성평등과 관련한 데이터 분석에 초점을 맞출 것인지, 성평등과 관련하여 나의 생각을 표현하는 데 초점을 맞출 것인지, 일상생활 속에서 문제를 발견하는 데 초점을 맞출 것인지에 따라 수업의 목적과 과정이 크게 달라지기 때문이다.

이 수업의 경우 새로운 사회적 가치가 어떻게 만들어지는지에 대한 과정을 아이들이 직접 경험해 보게 해 주는 것이 목적이었다. 실제로 문제를 발견하고, 가치를 알리고, 해결방안까지 고민해 가는 사회적 문제해결 전체의 과정을 경험하게 해 주고 싶었다. 이러한 학습경험을 하게 되면 나중에 성평등이 아닌 다른 주제와 관련한 상황을 마주해서도 자신이 학습했던 학습경험을 토대로 새로운 사회적 가치를 주도적으로 만들어 나가는 역량을 갖출 수 있게 되기 때문이다. 그래서 새로운 가치가 만들어지는 과정을 가치 발견 → 가치 알리기 → 가치 합의하기의 세 단계로 구조화하고, 각각의 과정을 수행평가과제로 만들어 자신의 이해를 드러낼 수 있도록 수업을 구성하였다. 성취기준과 교과의 내용은 어떠한 학습경험을 제공할 것인지가 결정된 이후 고려하였다. 그래서 최종 단원 설계가 끝난 뒤 이와 관련한 성취기준과 교과의 내용이 있는지 점검하고 단원 설계를 마무리하였다. 구체적인 단원 설계의 모습은 다음과 같다.

설계안: 우리는 어떻게 가치를 만드는가? (6학년 1학기)

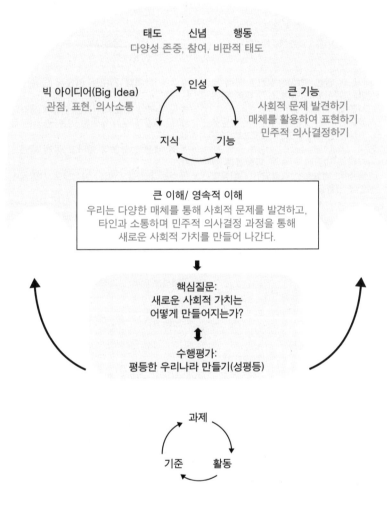

태도   신념   행동
다양성 존중, 참여, 비판적 태도

빅 아이디어(Big Idea)
관점, 표현, 의사소통

인성

큰 기능
사회적 문제 발견하기
매체를 활용하여 표현하기
민주적 의사결정하기

지식   기능

큰 이해/ 영속적 이해
우리는 다양한 매체를 통해 사회적 문제를 발견하고,
타인과 소통하며 민주적 의사결정 과정을 통해
새로운 사회적 가치를 만들어 나간다.

핵심질문:
새로운 사회적 가치는
어떻게 만들어지는가?

수행평가:
평등한 우리나라 만들기(성평등)

과제

기준   활동

[1단계] 기대하는 학습결과

전이(Transfer-T)

- 다양한 매체를 통해 사회적 문제를 발견하고 타인과 소통하며 새로운 사회적 가치를 만들어 낼 수 있을 것이다.

의미(Meaning-M)

큰 이해/ 영속적 이해[13]	핵심질문
• 우리는 다양한 매체와 방법을 통해 자신만의 관점을 형성하고, 관점에 따라 가치를 발견한다. • 사람들은 자신이 믿는 가치와 신념들을 보편화하기 위해 다양한 방법으로 표현한다. • 가치와 신념들은 민주적 의사결정 과정을 통해 법률로서 제정되어 사람들의 생활에 영향을 미친다.	• 새로운 사회적 가치는 어떻게 만들어지는가? - 특정 주제에 대해 여러분은 어떻게 생각하는가? 그렇게 생각하게 된 이유(근거)는 무엇인가? - 무엇 때문에 그것이 옳다고 믿게 되었는가? - 우리는 가치를 어떠한 방식으로 사람들에게 알리는가? - 내가 믿는 가치와 신념들을 다른 사람들에게 설득하기 위해서 어떻게 표현하는 것이 효과적인가? - 가치와 신념들이 사회적으로 합의되기 위해서는 어떠한 과정이 필요한가? - 새로운 가치가 사람들에게 받아들여지기 위해서는 어떠한 과정이 필요한가?

습득 (Acquisition-A)

지식		기능	인성
• 가치 발견 • 가치 표현 • 민주적 의사결정 • 평등 • 매체 • 연구방법	• 성평등 • 대화와 토론 • 소수의견 존중 • 다수결 • 비판적 읽기 • 법률	• 가치 발견하기: 조사를 통해 문제 발견하기 • 매체를 활용하여 표현하기 • 민주적 의사결정하기: 대화와 토론, 소수의견 존중, 다수결	• 사회적 현상을 비판적으로 바라보는 태도 • 다양성 존중 • 민주적 의사결정 과정에 대한 존중과 참여

---

13. 초학문적 단원 설계에서 큰 이해/영속적 이해와 핵심질문은 포괄적 수준과 단원 수준으로 굳이 구분하지 않는다. 관련된 교과의 단원을 고려하여 단원을 설계하는 것이 아니기 때문이다.

[2단계] 이해의 다양한 증거

우리는 어떻게 가치를 만드는가?: 평등한 우리나라 만들기(성평등)

수행평가 1. 가치 발견하기: 무엇이 문제인가?, 문제에 대해 어떻게 생각하는가?
수행평가과제요소(GRASPS)

목표(G)	성평등에 대한 문제를 파악하고 이에 대한 신문 기사 쓰기
역할(R)	신문 기자
청중(A)	독자
상황(S)	성평등에 대한 문제를 발견하고 이에 대한 특집 기사를 쓰는 상황
결과물(P)	성평등 문제를 드러내는 신문 기사문
준거(S)	1. 다음 조사방법을 활용하여 문제를 발견하고, 기사문을 작성할 것 ① 질적연구방법: 면담 또는 인터뷰 등 ② 양적연구방법: 설문 통계 조사 등 ③ 문헌연구방법: 뉴스 검색, 도서 검색 등 2. 기사에는 다음의 내용이 포함되어야 함 ① 성평등과 관련하여 찾아낸 우리나라의 문제점 ② 문제점의 원인 진단과 그렇게 진단한 근거

설명 하기	○	해석 하기	○	적용 하기		관점 가지기	○	공감 하기		자기지식 가지기	○

수행평가 2. 가치 알리기: 어떻게 알릴 것인가?
수행평가과제요소(GRASPS)

목표(G)	성평등 문제와 그에 대한 해결방안을 알리는 자료를 제작하여 여러 사람에게 효과적으로 알려야 함
역할(R)	양성평등 시민단체 대표
청중(A)	대중
상황(S)	1단계 수행평가과제에서 발견한 문제를 토대로 우리나라 성평등에 대한 문제의식을 공유하고, 이에 대한 해결방안을 공론화하고자 하는 상황
결과물(P)	성평등 문제와 해결방안을 알리는 자료

준거(S)	1. 자료에는 다음의 내용이 포함되어야 함 ① 담고 있는 문제의식 ② 문제에 대한 해결방안 2. 많은 사람에게 효과적인 자료가 되기 위해서는 다음의 조건을 충족하여야 함 ① 문제의식이 사람들이 공감할 내용인가? ② 문제 제시 방식이 참신하여 사람들의 관심을 갖도록 하는가? ③ 해결방안이 효과적이고 현실적인가?

설명 하기		해석 하기		적용 하기	○	관점 가지기	○	공감 하기	○	자기지식 가지기	

수행평가 3. 가치 합의하기: 어떻게 해결할 것인가?

수행평가과제요소(GRASPS)

목표(G)	민주적 의사결정 과정을 거쳐 성평등 기본법 만들기
역할(R)	국회의원
청중(A)	가상의 우리나라 국민
상황(S)	공유된 문제의식과 해결방안을 토대로 성평등 기본법을 만들고자 하는 상황. 토의를 통해 합의를 이끌어 내야 하며 모둠에서 만든 법안을 가지고 대화와 토론과정을 거친 후 법안을 수정하여 표결을 통해 최종 입법하게 됨
결과물(P)	성평등 기본법안
준거(S)	1. 법안을 만들 때는 민주적 의사결정 과정을 거쳐야 함 ① 다수가 참여하는 대화와 토론을 통하여 법안을 만들어 가는가? ② 소수의견이 존중되는가? 2. 제출하는 법안은 다음을 고려하여야 함 ① 성평등을 높이는 데 기여하는가? ② 법안이 현실에 적용 가능한가? ③ 소수자가 고려되는가?

설명 하기		해석 하기		적용 하기	○	관점 가지기	○	공감 하기		자기지식 가지기	

그 외의 평가
- 서술형평가-데이터의 수집과 표현, 해석에 대한 평가
- 퀴즈-민주적 의사결정 과정에 대한 퀴즈
- 동료평가/성찰: 친구들의 자료에 대한 평가

자기평가
- 자기평가/성찰: 토의 토론 참여 태도

최종 수행평가과제-평등한 우리나라 만들기(성평등)
(우리는 어떻게 가치를 만드는가)

이 수행평가과제(프로젝트)는 "페미니스트가 나쁜 거예요?"라는 우연한 질문에서 시작되었습니다. 여러분이 가진 성평등에 대한 궁금증을 바탕으로 우리는 우리나라에 과연 성차별이 존재하는지, 존재한다면 어떠한 방식으로 이 문제를 해결해 나가야 하는지에 대해 알아보기로 하였습니다. 성평등, 성차별과 관련한 문제는 개개인의 문제이기도 하지만 우리 전체의 문제, 즉 사회적 문제입니다.

사회의 다양한 문제를 해결하기 위해서 사람들은 다양한 매체와 방법들을 통하여 무엇이 문제이고, 이를 어떠한 가치를 통해 해결할 것인지를 발견하고, 발견한 가치를 표현하여 다른 사람들과 소통하며, 다른 사람들과의 민주적 의사결정 과정을 통해 새로운 사회적 가치를 만들어 나갑니다. 다양한 사회의 문제 중에서 이 프로젝트에서는 "성평등"을 주제로 새로운 사회적 가치가 만들어져 가는 과정을 함께 학습해 보도록 합시다.

이를 위하여 여러분은 최종적으로 우리나라 성평등 기본법을 만들어 볼 것입니다. 이에 여러분은 때로는 시민단체 대표가 되어, 때로는 국회의원이 되어 평등한 우리나라를 만드는 데 기여하고자 합니다.

이 프로젝트는 다음의 과정을 거쳐 수행됩니다.

1. 가치 발견하기: 다양한 매체와 방법을 통해 성평등 문제 확인하고 기사문 쓰기
2. 가치 알리기: 다양한 매체와 방법을 통해 성평등 문제와 해결방법 알리기
3. 가치 합의하기: 민주적 의사결정 과정을 통해 성평등 기본법 제정하기

수행평가과제 1-가치 발견하기: 무엇이 문제인가?, 문제에 대해 어떻게 생각하는가?

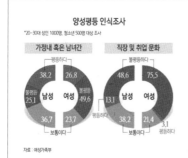

2016년 실시된 양성평등 인식조사에 따르면 남녀 간 양성평등에 대한 인식이 상당한 차이를 보이는 것으로 나타났습니다. 또한 많은 비율로 여성이 불평등하다고 느끼는 경우가 많게 나타났습니다. 이에 대한 원인을 파악하기 위해 여러분은 다양한 방법을 활용하여 조사하고, 우리나라 성평등과 관련하여 무엇이 문제인지 파악하여 신문 기사를 작성하고자 합니다. 신문 기사를 작성하기 위하여 여러분은 다음의 조사 방법 중 하나 또는 여러 방법을 활용하여 조사하여야 합니다.

① 질적연구방법: 면담 또는 인터뷰 등
② 양적연구방법: 설문, 통계 조사 등
③ 문헌연구방법: 뉴스 검색, 도서 검색 등

조사를 마친 후 여러분은 조사한 내용을 바탕으로 우리나라 성평등 문제를 사람들에게 알리는 신문 기사를 작성하여 특집 기사를 제출하여야 합니다. 여러분의 신문 기사에는 다음과 같은 내용이 포함되어야 합니다.

① 성평등과 관련하여 찾아낸 우리나라의 문제점
② 문제점이 왜 있는 것이냐과 그렇게 진단한 근거

채점기준(루브릭)

평가 요소 \ 단계	매우 잘함	잘함	보통	노력 요함
관점에 맞는 자료 찾기	두 가지 이상의 방법을 활용하여 자료를 탐색하였으며 탐색한 자료로 성평등과 관련한 우리나라 문제점과 그 원인을 적절하게 파악할 수 있다.	두 가지 이상의 방법을 활용하여 자료를 탐색하였으며 탐색한 자료로 성평등과 관련한 우리나라 문제점과 그 원인을 부분적으로 적절하게 파악할 수 있다.	한 가지 방법을 활용하여 자료를 탐색하였으며 탐색한 자료로 성평등과 관련한 우리나라 문제점과 그 원인을 부분적으로 적절하게 파악할 수 있다.	자료를 탐색하였으나 탐색한 자료로 성평등과 관련한 우리나라 문제점과 그 원인을 파악하는 데 활용되기 어렵다.
자료를 바탕으로 문제점과 원인 판단하기	탐색한 자료를 바탕으로 성평등과 관련한 우리나라의 문제점을 찾고 문제점의 원인을 타당한 근거를 들어 설명할 수 있다.	탐색한 자료를 바탕으로 성평등과 관련한 우리나라의 문제점을 찾고 문제점의 원인을 찾았으나 그 근거가 조금 부족하다.	탐색한 자료를 바탕으로 성평등과 관련한 우리나라의 문제점을 찾았으나 그 원인을 제대로 설명하지 못한다.	성평등과 관련한 우리나라의 문제점과 그 원인을 스스로 찾지 못한다.
자료를 정리하여 체계적 글쓰기	자신이 조사한 자료를 시각화하여 정확하고 알기 쉽게 표현하였으며 조사한 자료를 바탕으로 기사문의 형식에 맞추어 글을 쓸 수 있다.	자신이 조사한 자료를 시각화하여 표현하였으나 오류가 조금 있거나 조사한 자료를 바탕으로 기사문의 형식에 맞추어 글을 썼으나 글의 완성도가 조금 떨어진다.	자신이 조사한 자료를 시각화하여 표현하였으나 기사문의 흐름과 큰 관련이 없거나 조사한 자료를 바탕으로 기사문의 형식에 맞추어 글을 썼으나 글의 완성도가 떨어진다.	자신이 조사한 자료를 시각화하여 표현하기 어려워하거나 조사한 자료를 바탕으로 기사문의 형식에 맞추어 글을 완성하지 못한다.

교사 [　] 학생 [　] [　] 에 스스로 (v) 하세요.

수행평가과제 2-가치 알리기: 어떻게 알릴 것인가?

수행평가과제 1에서 여러분이 작성한 기사를 토대로 시민단체 대표가 되어 우리나라 성평등에 대한 문제의식을 공유하고, 이에 대한 해결방안을 공론화하고자 합니다.

여러분이 수행평가과제 1에서 생각했던 문제점을 사람들과 함께 공유하고, 이에 대한 해결방안을 제시하는 자료를 만들어서 사람들에게 여러분의 문제의식과 해결방안을 효과적으로 알려야 합니다.

사람들에게 성평등 문제와 해결방안을 알리는 방법은 여러 방법이 있습니다. 다음은 그 예입니다. 여러 방법 중 효과적으로 판단되는 방법을 선택하여 홍보자료를 완성해 주세요.

① 사회참여미술 작품(미술)
② 인포그래픽 또는 카드뉴스(정보)
③ 공익광고 또는 UCC(영상)
④ 만화 또는 그림책(책)
⑤ 기타 자신이 생각하는 방법

여러분이 만드는 자료는 여러분이 생각하는 성평등 문제의식과 그 문제를 해결하는 방안이 담겨 있어야 합니다. 이때 많은 사람에게 효과적인 자료가 되기 위해서는 다음과 같은 질문을 고려하여야 합니다.

① 문제의식이 사람들이 공감할 내용인가?
② 문제 제시 방식이 참신하여 사람들의 관심을 갖도록 하는가?
③ 해결방안이 효과적이고 현실적인가?

채점기준(루브릭)

단계 / 평가 요소	매우 잘함	잘함	보통	노력 요함
자료의 내용	완성한 자료에 성평등에 대한 문제의식과 효과적인 해결방법이 드러나 있다.	완성한 자료에 성평등에 대한 문제의식과 해결방법이 드러나 있다.	완성한 자료에 성평등에 대한 문제의식이 드러나 있으나 이를 해결할 방법에 대한 이해가 부족하다.	완성한 자료에 성평등에 대한 문제의식이 드러나지 않거나 자료를 완성하지 못한다.
자료 표현 방법	완성된 자료의 표현 방법이 참신하고, 완성된 자료의 매력도가 높아 설득력이 높다.	완성된 자료의 표현 방법이 참신하고 완성도가 높은 편이며, 표현 방법이 새롭지는 않으나 전달할 내용을 잘 전달할 수 있다.	완성된 자료의 표현 방법의 참신하지 못하고 완성도가 조금 부족하며 전달하고자 하는 내용이 있으나 효과적으로 드러나지 않는다.	완성된 자료의 표현 방법이 참신하지 못하고 완성하지 못하였으며 전달하고자 하는 내용이 자료에 드러나지 않는다.

교사 　　학생 　　□ 에 스스로 (v) 하세요.

수행평가과제 3-가치 합의하기: 어떻게 해결할 것인가?

공유된 문제의식과 해결방안을 토대로 우리나라 성평등 기본법을 만들고자 합니다. 법은 국회에서 만들어지며 법안을 제출하면 법안에 대한 토의가 이루어집니다. 여러분도 국회의원이 되어 토의를 통해 합의를 이끌어 내야 합니다. 먼저 무엇을 해결하고자 하는지에 대한 생각이 비슷한 사람끼리 모여 법안을 만드세요. 그 각 모둠에서 만든 법안을 가지고 대화와 토론과정을 거친 후 법안을 수정하여 수정안을 만든 후 표결을 통해 최종 입법하게 됩니다. 모둠에서 법안을 만들 때는 다음을 고려하여야 합니다.

① 성평등을 높이는 데 기여하는가?
② 법안이 현실에 적용 가능한가?
③ 소수자가 고려되는가?

모둠에서 법안을 만들고 나면 국회가 열리고 만든 법안을 가지고 토론의 장이 열립니다. 토론과정에서 제출한 법안을 일부 수정할 수 있습니다. 토론과정에서는 다음을 고려하여야 합니다.

① 다수가 참여하는 대화와 토론을 통하여 법안을 만들어 가는가?
② 소수의견이 존중되는가?

토론 과정을 거친 후 법안이 최종 수정되면 표결을 통해 법안이 최종 입법됩니다. 과반수의 찬성을 얻어야 입법될 수 있습니다.

채점기준(루브릭)

평가요소 \ 단계	매우 잘함	잘함	보통	노력 요함
민주적 의사 결정 과정	성평등 법안 만들기 활동에 적극적으로 참여하며 다른 사람의 의견을 존중하고, 대화와 토론을 통해 합의의 과정을 도출할 수 있다.	성평등 법안 만들기 활동에 적극적으로 참여하며 다른 사람의 의견을 존중하며 대화와 토론을 하려고 노력한다.	성평등 법안 만들기 활동에 참여하며 다른 사람의 의견을 존중하며 대화와 토론을 하려고 노력하나 다른 사람 의견에 대한 존중이 조금 부족하다.	성평등 법안 만들기 활동에 소극적으로 참여하거나 다른 사람의 의견을 존중하지 않는다.
새로운 가치의 효용성	만든 법안이 성평등을 높이는 데 기여할 수 있으며 현실에 적용 가능성 또한 높고 소수자에 대한 고려를 하고 있다.	만든 법안이 성평등을 높이는 데 기여할 수 있으나 현실에 적용 가능성이 조금 부족하거나 소수자에 대한 고려가 조금 부족하다.	만든 법안이 성평등을 높이는 데 기여할 수 있으나 현실에 적용 가능성이 부족하고 소수자에 대한 고려가 부족하다.	법안을 만들지 못하거나 만든 법안이 성평등을 높이는 데 기여하기 힘들다.

교사   학생   에 스스로 (v) 하세요.

[3단계] 학습 계획

차시		학습활동	평가	WHER ETO
1	도입	• 단원 도입: 우리는 평등한가? – 성평등에 대한 우리 학급 인식조사 및 간의 토론 – 2016년 실시된 양성평등 인식조사 결과의 의미		W H
2	최종 수행 과제 제시	핵심질문 새로운 사회적 가치는 어떻게 만들어지는가? • 새로운 사회적 가치가 만들어지는 과정 – 가치 발견하기 → 가치 알리기 → 가치 합의하기 • 최종 수행과제 제시 • 탐구의 흐름, 단계별 수행평가과제 제시(수행평가과제 1, 2, 3)		W
3		핵심질문 성평등에 대해 여러분은 어떻게 생각하는가? 그렇게 생각하게 된 이유(근거)는 무엇인가? 무엇 때문에 그것이 옳다고 믿게 되었는가? • 가치 발견하기 수행평가과제 제시(수행평가과제 1) • 그림책:『평등한 나라』–과연 우린 평등한가? • 연구방법: 질적연구방법/ 양적연구방법/ 문헌연구방법	• 배움공책: 핵심질문에 답하기	W H E1
4-5	가치 발견 하기	• 양적연구방법의 사례 연습하기 – 집안일 그래프 만드는 방법 알아보고 적용하기	• 서술형평가: 데이터의 수집과 표현 해석(수학 비율그래프 단원 연계)	E1 E2
6		• 질적연구방법의 사례 연습하기 – 인터뷰, 면담하는 방법 알아보고 적용하기		E1
7		• 문헌연구방법의 사례 연습하기 – 언어, 매체 속 성차별 발견하기(미디어 리터러시) – 웹툰/예능/유튜브/가요/일상 단어 등 – 찾는 방법 연습하고 스스로 찾아보기	• 배움공책: 언어, 매체 속 성차별 스스로 찾아보기	E1 R
8		• 더 연구하고 싶은 연구방법 선택하여 모둠 나누기 • 추가 연구 계획하고 진행하기	• 배움공책: 추가 연구 결과	R

9-10	가치 발견 하기	• 국어 3. 짜임새 있게 구성해요 　– 다양한 자료의 특성 알기 　– 자료를 활용하여 글쓰기		E1
11-12		• 국어 3. 짜임새 있게 구성해요 　– 기사문 작성 방법 알아보기 　– 기사문 보고, 특성 파악하기 　– 기사문의 요소		E1
13-14		• 성평등 문제를 알리는 신문 기사 작성하기	• 수행평가과제	R E2 T
15-16		• 만든 기사를 활용해 발표하기 • 발표 내용 함께 나누기		R E2
17	가치 알리기	핵심질문 우리는 가치를 어떠한 방식으로 사람들에게 알리는가? 내가 믿는 가치와 신념들을 다른 사람들에게 설득하기 위해서 어떻게 표현하는 것이 효과적인가? • 가치 알리기 수행평가과제 제시(수행평가과제 2) • 그림책:『용돈 좀 올려 주세요』(어떻게 표현할 때 상대방을 설득할 수 있는가?)	• 배움공책: 어떻게 표현할 때 상대방을 설득할 수 있는가?, 우리는 가치를 어떠한 방식으로 사람들에게 알리는가? 질문에 답하기	W H
18-20		• 내 생각을 효과적으로 전달하기 위한 방법 • 인포그래픽, 카드뉴스–미리캔버스 사용법 익히기 • 공익광고의 구조–키네마스터 사용법 익히기 • 예술적 표현–그림책의 구조		E1
21-22		• 성평등 가치를 알리기: 예술적 표현 방법을 활용하여 　– 학급 공동 그림책 만들기(학급 토의 후 선택된 활동)	• 학습 결과물(그림책): 그림책에 성평등의 가치가 드러나는가?, 표현 방식이 효과적인가?	E1 R E2 T
23-24		• 무엇을 알리고 싶은지 정하기 • 어떤 방법으로 알리고 싶은지 정하기		R
25-26		• 자료 만들기	• 수행평가과제 2	R E2 T
27		• 자료 공유하기, 동료평가하기	• 동료평가: 다른 모둠 결과물에 댓글 달기	R E2

28		핵심질문 가치와 신념들이 사회적으로 합의되기 위해서는 어떠한 과정이 필요한가? 새로운 가치가 사람들에게 받아들여지기 위해서는 어떠한 과정이 필요한가? • 가치 합의하기 수행평가과제 제시(수행평가과제 3) • 사회적 가치를 민주적으로 합의하는 방법	• 배움공책: 핵심질문에 답하기	W H
29-30		• 사회 2. 일상생활과 민주주의 – 생활 속 사례에서 민주주의의 의미와 중요성 알아보기 – 생활 속에서 민주주의를 실천하는 태도 갖기		E1
31-35	가치 합의 하기	• 사회 2. 민주정치의 원리와 국가 기관의 역할 – 국민 주권의 의미 알아보기, 국회, 정부, 법원에서 하는 일 알아보기, 국가의 일을 나누어 맡아야 하는 까닭 알아보기, 일상생활에서 민주정치의 원리가 적용된 사례 찾아보기	• 퀴즈: 민주적 의사결정 과정에 대한 퀴즈 문제 풀기	E1 E2
36-38		• 성평등과 관련한 하위주제에 따라 모둠 나누기 • 자신이 속한 모둠에서 기본 법안 만들기	• 수행평가과제 3	R E2 T
39-40		• 사회 2. 일상생활과 민주주의–민주적 의사결정 원리에 따라 문제 해결하기 • 모둠에서 만들어진 법안 상정하기, 대화와 토론을 통하여 법안 합의하고 수정하기	• 동료평가: 다른 모둠 결과물에 포스트잇으로 의견 남기기 • 수행평가과제 3 결과물	R E2
41		• 만들어진 기본 법안의 의미 되새기기 • 프로젝트 참여에 대한 자기평가하기	• 자기평가 • 토의 토론 참여 태도가 민주적이었는지 반성하기	R E2
42	마무리	핵심질문 '새로운 사회적 가치는 어떻게 만들어지는가?'에 대해 다시 답하기 • 가치가 만들어지는 과정 되돌아보기 • 가치를 만들어 나가는 과정에서 주의해야 할 점 생각하기 • 자신의 프로젝트 활동 반성하기		R E2

W	H	E1	R	E2	T	O
Where Why What	Hook Hold	Explore Enable Equip	Reflect Rethink Revise	Evaluate Exhibit	Tailored	Organize sequence
목표 제시 및 필요성 안내	관심 집중 및 동기유발	수행을 위한 지식 및 기능 습득	학습자 반성 및 재점검	과제 발표 및 평가	학생 개인의 필요와 요구 반영	수업 내용 조직 및 계열화

수행평가과제와 관련된 2015 개정 교과 교육과정 성취기준(5~6 학년군)[14]

수행평가과제 1 가치 발견하기:
다양한 매체와 방법을 통해 성평등 문제 확인하고 기사문 쓰기

[6국02-03] 글을 읽고 글쓴이가 말하고자 하는 주장이나 주제를 파악한다.

[6국02-04] 글을 읽고 내용의 타당성과 표현의 적절성을 파악한다.

[6국02-05] 매체에 따른 다양한 읽기 방법을 이해하고 적절하게 적용하며 읽는다.

[6국01-04] 자료를 정리하여 말할 내용을 체계적으로 구성한다.

[6국03-02] 목적이나 주제에 따라 알맞은 내용과 매체를 선정하여 글을 쓴다.

[6사02-02] 생활 속에서 인권 보장이 필요한 사례를 탐구하여 인권의 중요성을 인식하고, 인권 보호를 실천하는 태도를 기른다.

[6수05-03] 주어진 자료를 띠그래프와 원그래프로 나타낼 수 있다.

[6수05-04] 자료를 수집, 분류, 정리하여 목적에 맞는 그래프로 나타내고, 그래프를 해석할 수 있다.

[6실03-05] 가정일을 담당하고 있는 가족원들의 역할을 탐색하고, 가정생활에 미치는 영향을 이해한다.

수행평가과제 2 가치 알리기:
다양한 매체와 방법을 활용하여 성평등 문제와 해결방법 알리기

[6국03-02] 목적이나 주제에 따라 알맞은 내용과 매체를 선정하여 글을 쓴다.

[6국01-05] 매체 자료를 활용하여 내용을 효과적으로 발표한다.

[6사02-02] 생활 속에서 인권 보장이 필요한 사례를 탐구하여 인권의 중요성을 인식하고, 인권 보호를 실천하는 태도를 기른다.

[6음03-01] 음악을 활용하여 가정, 학교, 사회 등의 행사에 참여하고 느낌을 발표한다.

[6미01-04] 이미지를 활용하여 자신의 느낌과 생각을 전달할 수 있다.

수행평가과제 3 가치 합의하기:
민주적 의사결정 과정을 통해 성평등 기본법 제정하기

[6국01-02] 의견을 제시하고 함께 조정하며 토의한다.

[6국01-03] 절차와 규칙을 지키고 근거를 제시하며 토론한다.

[6사02-02] 생활 속에서 인권 보장이 필요한 사례를 탐구하여 인권의 중요성을 인식하고, 인권 보호를 실천하는 태도를 기른다.

[6사02-05] 우리 생활 속에서 법이 적용되는 다양한 사례를 제시하고, 법의 의미와 성격을 설명한다.

[6사05-03] 일상생활에서 경험하는 민주주의 실천 사례를 탐구하여 민주주의의 의미와 중요성을 파악하고, 생활 속에서 민주주의를 실천하는 태도를 기른다.

[6사05-04] 민주적 의사결정 원리(다수결, 대화와 타협, 소수의견 존중)의 의미와 필요성을 이해하고, 이를 실제 생활 속에서 실천하는 자세를 지닌다.

[6사05-05] 민주정치의 기본 원리(국민 주권, 권력 분립 등)를 이해하고, 그것이 적용된 다양한 사례를 탐구한다.

[6사05-06] 국회, 행정부, 법원의 기능을 이해하고, 그것이 국민 생활에 미치는 영향을 다양한 사례를 통해 탐구한다.

---

14. 다학문적 통합 방법, 간학문식 통합 방법과 달리 초학문적 통합 방법에서는 모든 단원 설계를 마친 후 이와 관련된 성취기준은 무엇이 있는지 탐색한다.

2.
초학문적 통합단원 어떻게 실천하는가?

단원을 어떻게 시작할까?

초학문적 통합의 경우 수업의 주제가 학습자들의 삶, 사회적 이슈 등에서 도출된다. 하지만 도출된 주제를 학습으로 연결하는 것은 여전히 교수자의 몫이다. 이 수업의 경우 아이들의 언어생활에서 수업의 주제를 도출하였고, 아이들이 배우고 싶은 학습 주제를 사전에 논의하였다. 그 과정에서 '성소수자', '페미니스트', '불평등', '성역할', '차별'과 같은 키워드를 함께 뽑아낼 수 있었다. 이러한 키워드들은 결국에는 성평등과 관련한 사회적 문제이다. 따라서 사회적 문제를 해결해 나가는 과정을 학습하는 수업을 계획하게 되었다.

사회적 문제를 해결하기 위해서는 기존의 가치가 아닌 새로운 사회적 가치를 형성하고 합의해 나가야 한다. 그렇게 하기 위해서는 사회적 문제와 이를 해결하기 위한 가치를 발견해야 하며, 다시 그 새로운 가치가 널리 알려져 공유되어야 한다. 또 새롭게 공유된 가치는 법안으로서 합의되게 된다. 새로운 가치를 발견하기 위해서는 새로운 관점으로 현상을 바라보는 역량이 필요하고, 가치를 알리기 위해서는 어떻게 표현할 것인지에 대한 고려가 있어야 한다. 또한 가치를 원만하게 합의하기 위해서는 의사소통 역량이 요구될 것이다.

따라서 이 수업의 빅 아이디어를 관점, 표현, 의사소통으로 선정하였다. 이에 따라 다양한 매체를 통해 사회적 문제를 발견하고, 이를 바탕으로 타인과 소통하며 새로운 사회적 가치를 만들어 나간다는 영속적 이해를 구성하였다. 이 영속적 이해에 다다르기 위해 학습자는 사회적 문제를 발견할 수 있어야 하며, 매체를 활용하여 가치를 효과적으로 표현할 수 있어야 하며, 민주적 의사결정 능력을 갖추어야 한다. 또한 현상을 비판적으로 바라보는 태도, 다양성을 존중하는 태도, 사회적 문제해결과정에 적극적으로 참여하는 태도가 필요할 것이다.

어떠한 내용을 가르칠 것인가를 명확히 한 이후에는 이를 위한 수행평가과제를 구성하였다. 첫 번째 수행평가과제는 '가치 발견하기' 수행평가과제이다. '가치 발견하기' 수행평가과제에서는 자신만의 관점을 갖고, 사회적 현상을 비판적으로 바라보아 사회의 무엇이 문제인지 스스로 발견하는 학습을 한다. 학습자들은 이를 드러내기 위해 발견한 문제와 그에 대한 원인을 분석하여 기사문으로 완성하여야 한다. 두 번째 수행평가과제는 '가치 알리기' 수행평가과제이다. 첫 번째 수행평가과제에서 발견한 문제를 해결할 수 있는 평등을 위한 가치를 여러 사람에게 알리는 학습을 하게 된다. 학습자들은 여러 매체

중 효과적이라고 생각되는 매체를 선택하여 자신이 알리고자 하는 가치를 사람들에게 효과적으로 표현하여야 한다. 세 번째 수행평가과 제는 '가치 합의하기' 수행평가과제이다. 공유된 문제의식과 해결방 안을 토대로 성평등 기본법을 모둠별로 만들고, 법안을 상정한 후, 민 주적 의사결정 과정을 거쳐 법률로서 제정하는 학습을 하게 된다.

수행과제를 어떻게 구성할 것인지에 대한 계획을 마친 후 학습활 동을 어떻게 구성할 것인지 계획하였다. 먼저 '우리는 평등한가?'에 대한 질문을 시작으로 단원 학습을 도입하고, 우리 사회는 과연 평등 한지 불평등하다면 무엇이 문제이고, 어떻게 해결할 것인지에 대한 최 종 수행과제를 학습자들에게 제시하였다. 이후 세 가지 수행평가과 제를 수행하기 위해서 어떠한 학습활동을 해야 할 것인가를 고민하 였다. 이때 어떠한 활동으로 수행평가과제를 수행하도록 할 것인가를 고민하는 단계에서 교육과정 분석을 통해 통합될 수 있는 6학년 교 육과정 학습 요소를 분석하였다. 분석을 통해 사회과의 민주적 의사 결정 과정, 국어과의 기사문 작성, 미술과의 표현, 수학과의 비율그래 프 등의 학습 요소 등이 활용될 수 있겠다고 생각하였다. 이러한 학 습 요소들은 학습의 과정에서 필요한 단계에서 부분부분 활용하였 다. 마지막으로 학습의 전 단계에서 학습자들이 자신의 학습을 어떻 게 성찰할 것인지, 과정 중심 평가가 될 수 있도록 학습의 단계에서 무엇을 고려할 것인지 등을 고민하고 학습활동 일련을 구성하였다.

수행평가과제 도입은 어떻게 할까?

　모든 학습 계획을 마친 후 수업이 시작되었다. 수업의 가장 첫 단계는 도입으로, 학습자들을 학습 주제로 초대하여야 한다. 이때 어떤 매체를 활용할지 고민이 필요하다. 어떤 매체를 활용할지 고민 끝에 도표로 수행과제를 도입하기로 결정하였다. 영상 매체나 다른 매체를 활용할 수도 있었겠으나 화면에 크게 띄워 놓고 마음껏 이야기를 나누기에는 도표가 적절하다고 판단해서였다. 이 도표는 16년도 여성가족부에서 실시한 양성평등 인식조사의 결과를 뉴시스에서 도표로 만든 자료이다. 이 표에 따르면 남성과 여성이 얼마나 평등하다고 느끼는지, 불평등하다고 느끼는지 수치가 나오는데, 여성이 더 불평등하다고 느끼고 있음을 알 수 있다.

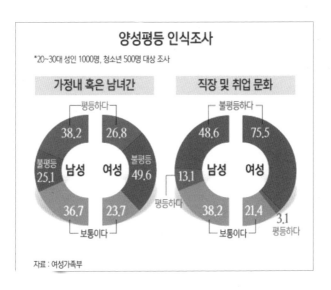

당연히 요즘은 남자가 더 차별받는다고 이야기하던 남자아이들이 이 표를 보고 이상하다고 볼멘소리를 늘어놓았다. 본인의 경험으로는 남자가 더 차별받는다고 생각한다는 것이다. 이에 개인의 경험과 사회의 경험은 다를 수 있음을 설명해 주었다. 그리고 이 도표에서 '여성은 왜 남성보다 더 불평등하다고 느끼며, 남성 또한 불평등하다고 느끼는 남성이 왜 더 많은가?'에 대해 무엇이 문제이고 어떻게 해결할 수 있을지 알아보자고 하며 첫 차시 수업을 마쳤다.

그 이후에는 최종 수행과제를 제시하였다. '성평등한 사회'를 만드는 것이 우리의 목표이며 '성평등'이라는 새로운 사회적 가치를 만들어 나가기 위해 어떠한 과정이 필요한지 토의하였다. 아이들의 의견을 유목화한 뒤 가치 발견하기 → 가치 알리기 → 가치 합의하기 단계에 대해 설명하였다. 또한 앞으로 이를 위해 어떠한 수행평가과제를 하게 될 것인지 자세히 안내하였다. 교과서에 나온 학습 내용이 아닌 자신의 일상생활에서 학습할 내용이 만들어지고, 수업이 어떻게 진행될지 예상하면서 앞으로 이루어질 학습에 기대하는 모습을 보였다.

'가치 발견하기' 수행평가과제는 어떻게 실행할까?

이 학습 과정은 성평등과 관련하여 무엇이 문제인지 알아보기 위한 수행평가과제를 수행하는 과정으로 여러 연구방법을 활용하여 무엇이 문제인지 직접 발견해 보고, 원인을 분석해 보았다. 사회적 문제를 발견하기 위해 활용되는 연구방법에는 크게 양적연구방법, 질적연구방법, 문헌연구방법이 있는데 이러한 연구방법에 대해 학습하고 연습한 뒤, 더 활용하고 싶은 연구방법을 활용하여 직접 문제와 원인을 발견하는 과정으로 수행평가과제를 진행하였다.

먼저 이 수행평가과제에 대한 도입으로 『평등한 나라』 그림책요안나 올레흐 글, 에드가르 봉크 그림, 이지원 옮김, 풀빛을 활용하였다. 이 그림책은 평등하다고 말하지만 실제로는 그렇지 못함을 고발하는 형태의 그림책으로 우리가 평소 어떤 면에서 불평등과 차별을 의식하지 않고 넘어가고 있었는지를 알 수 있게 해 주는 그림책이다. 이 그림책을 함께 읽고, 정말로 우리 사회가 불평등한지 알아보자고 하였다. 이를 위하여 양적연구방법의 한 형태인 그래프를 만들고 비교하여 문제를 찾아보기로 하였다.

우리 집 집안일 그래프 만들기 수업을 통해 이에 대한 수업을 하였다.[15] 자신의 집에서 벌어지는 집안일을 포스트잇에 50가지 적은 뒤, 다시 그 집안일을 가족 구성원 중 누가 하는지 생각하고 붙여 막대그래프로 만드는 수업이었다. 한 사람 한 사람 작성할 때에는 어떠한 경향성이 보이지 않았으나 학급 전체 통계를 내 보니 놀라운 결과가 나왔다. 우리 집에서 집안일을 가장 많이 하는 사람은 물론 엄마였다. 하지만 두 번째가 아빠라고 생각했던 아이들의 기대와는 달리 두 번째로 집안일을 많이 하는 사람은 할머니였던 것이다. '어? 우리 집

---

15. 초등젠더교육연구회 아웃박스 (https://blog.naver.com/gdgamsung)에서 제공하는 수업에서 얻은 아이디어를 참고하여 진행함. 그 뒤의 문헌연구방법 연습 사례에서도 참고함.

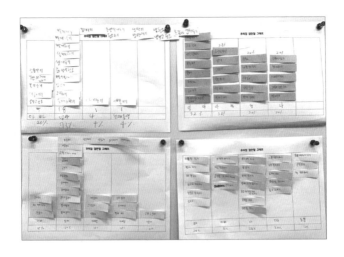

은 아빠도 많이 하는데'라고 하는 아이도 있었지만, 전체 통계를 내보니 그렇지 않은 경우가 많았음을 발견했다. 이렇게 문제를 발견한 뒤 이 문제의 원인을 간단하게 토의해 보았다. 이 문제의 원인을 얘기하면서 사뭇 진지한 표정으로 바뀌어 가는 아이들을 관찰할 수 있었다.

두 번째는 질적연구방법을 연습하는 것으로 집으로 돌아가 우리 집에서 가장 집안일을 많이 하는 사람에게 인터뷰하였다. 아이들은 인터뷰 질문을 고르고, 직접 인터뷰를 하고 나니 이 문제가 결국에는 사회적 고정관념과 연결되어 있음을 느꼈다. '집안일', '육아'는 여성의 몫이라는 고정관념. 여자아이들 중 몇몇은 목소리를 높이는 아이들도 있었다.

다음으로는 문헌연구방법을 연습하였다. 우리가 일상적으로 사용하는 언어, 매체에 어떠한 성역할 고정관념이 자리하고 있는지 알아보았다. 먼저 우리가 아무렇지 않게 사용하는 단어에 어떠한 차별적 요소가 숨어 있는지 발견하고 이를 평등 지향적 단어로 바꾸어 보는 활동을 진행하였다. 열띤 토의를 거쳐 '효자손'을 '나무손'으로 '유모차'를 '아기 카트'로 '도련님', '아가씨'를 '부남夫男', '부제夫弟'로 바꾸어 나갔다.

또한 매체에서도 어떠한 성 고정관념이 존재하는지 알아보았다. 아이들이 많이 보는 웹툰에서 어떠한 성 고정관념을 발견할 수 있는지 알아보고 장면을 고치는 활동을 해 보았다. 고정관념이 편견을 낳고, 편견이 다시 차별을 낳는 악순환을 이해하고 결국에는 차별을 없애고 평등한 사회를 만들기 위해서는 고정관념을 깨트려야 한다는 것을 깨닫게 되었다.

언어, 매체에서 성 고정관념 살펴보기

이후 수업은 각 연구방법을 익혔으니 직접 더 연구해 보고 싶은 방법을 선택하여 모둠을 나누고 추가 연구를 진행해 보았다. 그리고 국어과 3단원의 학습 내용을 가져와 다양한 자료의 특성을 알고, 자료

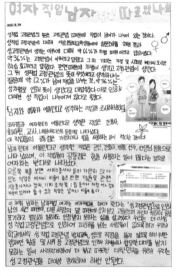

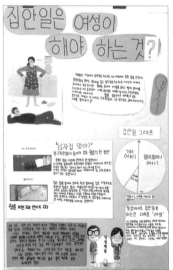

가치 발견하기 수행평가과제 결과물

를 활용하여 글을 쓰는 방법을 익힌 뒤, 자신이 발견한 문제와 그 원인에 대해 분석한 내용을 기사문이라는 형식을 활용하여 수행 결과물로 제출하였다.

각 모둠은 서로 다른 주제로 어떠한 차별이 존재하는지 살펴보고, 이에 대한 원인을 분석하였다. 서로 다른 주제의 차별을 선택하였지만 문제의 원인은 비슷하게 진단하였다. 공통적인 원인으로 '성 고정관념'을 꼽았으며, 각각의 분야에서 어떠한 성 고정관념이 존재하고 이 고정관념이 어떠한 차별을 낳는지 분석하는 신문 기사를 완성하였다. 기대했던 수준보다 훨씬 높은 수준의 기사가 완성되었다. 자신의 삶에서 출발한 학습 주제에 몰입하는 아이들을 보며 아이들의 삶의 맥락에 맞닿은 주제와 적절한 학습 내용이 연결될 때 아이들은 내가 생각한 것 이상으로 잘 해냄을 느낄 수 있었다.

'가치 알리기' 수행평가과제는 어떻게 실행할까?

문제가 무엇인지 알아보고, 문제의 원인을 분석했다면 이제 이 문제를 해결할 수 있는 새로운 가치를 사람들에게 알려야 하는 단계로 넘어가게 된다. 이 단계에서는 내 생각을 전달하기 위한 다양한 방법을 익히고 여러 매체 중 적절한 매체를 선택하여 다른 사람들에게 새로운 가치를 효과적으로 전달하는 것이 목표가 된다. 그래서 아이들에게 '미리캔버스, 키네마스터' 등 시각자료와 영상자료를 만드는 도구의 활용방법을 익힐 수 있도록 수업을 준비하였다. 또한 내 생각을 표현하는 방법으로 예술적으로 표현하는 방법이 있음을 안내하고 그림책이 어떠한 방식으로 그려져 있는지 분석하는 시간도 가졌다.

아이들이 직접 가치 알리기 수행평가과제를 수행하기 전에 학급 공동의 작품을 하나 만들어 이를 연습하는 시간이 있으면 좋겠다고 판단하였다. 공동의 작품을 만든다면 어떤 매체를 활용하면 좋을지 토의 끝에 예술적 표현 방법인 학급 공동 그림책을 만들어 보기로 결정하였다. 처음부터 그림책을 창작하기에는 막막한 면이 있었다. 그래서 다른 그림책의 구조를 빌려오면 좋겠다고 판단하였다. 여러 그림책을 탐색하던 중 『내가 아닌 누군가를 생각해』 그림책월바 칼손 글, 사라 룬드베리 그림, 이유진 옮김, 위고의 이야기 구조를 빌려오면 좋겠다고 생각하였다.

이 그림책은 열 명의 아이들이 바통을 이어받듯 차례로 자기 이야기를 하는 그림책이다. 서로 다른 환경에서 생활하는 아이들이 나는 이러한 생활을 하고 있는데 내가 아닌 다른 사람이라면 이를 어떻게 느낄지 궁금해하는 구조로 되어 있다. 그래서 이 구조를 빌려와 남학생과 여학생이 서로 한 명씩 교차하며 나는 무엇을 좋아하는데 그것에 대한 사람들의 고정관념 때문에 주저하게 된 경우를 말하는 것으로 그림책을 그리면 좋겠다고 생각하였다. 성 고정관념 때문에 자기가 좋아하는 것을 마음껏 하지 못했던 경험들을 생각하여 이를 적어 보게 하고, 순서를 잘 배열하니 하나의 이야기가 될 수 있었다. 새로운 가치를 효과적으로 알릴 수 있는 하나의 예술 작품을 완성한 것이다. 이후에는 아이들이 만든 그림책 작품을 스캔하여 전자책으로 출판해 보았다.[16] 그리고 그 링크를 아이들에게 전달해 주고, 세상에 널리 알리라고 하였다. 어느새 나도 이곳저곳에 아이들의 완성된 작품 링크를 보내고 있었다.

하나의 작품을 완성하고 나니 이제 아이들에게 의욕과 자신감이 생겨나 보였다. 이제 모둠별로 매체를 선택해 자신이 알리고 싶은 가치를 알릴 수 있는 방법을 고민해 보라고 주문하였다. 다양한 매체를 선택하기를 바랐지만 요즘 세대는 영상 세대였다. 모든 모둠이 영상

완성한 전자책 링크

그림책 표지

그림책 장면

---

16. 쿨북스 사이트를 이용함(https://coolbooks.coolschool.co.kr/).

매체를 통해 알리겠다고 얘기하였고, 아이들의 토의 결과이니 그렇게 하라고 하였다. 매체는 겹쳤지만 서로 이야기하고자 하는 주제는 달랐다. 한 모둠은 '육아'를 주제로 '아빠도 육아할 수 있습니다!'라는 애니메이션을 만들어 냈고, 다른 두 모둠은 '성역할'을 주제로 '성 고정관념 멈춰!' 공익광고를 만들어 냈다. 만든 영상은 학교 게시 TV를 통해 한 달 동안 송출되었다. 학교 구성원들은 큰 관심을 보내 주었고, 아이들은 부끄러워하면서도 자신이 만든 영상에 대해 사람들에게 조목조목 설명해 주었다.

'가치 합의하기' 수행평가과제는 어떻게 실행할까?

새로운 가치가 널리 사회에 받아들여지면 이 가치는 법률로 제정되어 사람들의 생활에 영향을 미치는 제도가 된다. 법률로 제정되기까지는 민주적 절차에 따라 토의와 토론, 양보와 합의의 과정이 필요하다. 아이들이 민주시민으로 자라날 수 있도록 하기 위하여 수업을 통해 현상 속에서 문제를 발견하고, 이를 다른 사람들에게 알려 공론화시키며, 마지막으로는 법률로서 제도화시키고자 하는 참여의 경험을 주고 싶었다. 그래서 마지막 수행평가과제를 '성평등 법률 만들기'로 정하였다.

이를 위해 먼저 사회적 가치를 민주적으로 합의하는 방법들, 민주주의의 의미와 중요성, 그리고 우리가 하고자 하는 '성평등' 주제처럼 사람들이 주장한 새로운 가치가 법률로서 제정된 사례에 대해 함께 이야기를 나누었다. 또한 법률의 제정과 집행에 관련된 입법부와 행정부, 사법부의 역할과 삼권분립에 대해서도 수업을 하였다. 그리고 국가법령정보 사이트 https://www.law.go.kr를 통해 법률이 어떠한 구조를 갖고 있는지도 함께 파악하였다. 아이들은 '법' 하면 자연스럽게 '금지'를 떠올린다. 무언가를 금지하는 것이 '법'이라고 생각하는 것이다. 하지만 법 대부분은 '금지' 조항으로 구성되는 것이 아니라 권한과 의무를 명확히 하는 형태로 구성되어 있다. 만약 법률의 구조를 함께 파악하지 않고 이 수행평가과제를 진행했다면 무엇인가를 어기면 '징역 몇 년!' 식의 법률을 제출했을 가능성이 크다. 그래서 꼭 다른 법률들을 아이들과 함께 보고 난 후 법률 만들기 수업을 진행하기를 권하고 싶다.

모둠별로 각자 다른 주제로 법안을 완성해 나갔다. 첫 번째 모둠은 성소수자 보호를 위한 법률, 두 번째 모둠은 기업 내 성 고정관념 폐지법, 세 번째 모둠은 남녀평등법, 네 번째 모둠은 성폭력 방지법, 다섯 번째 모둠은 'No 더 갈등법'을 만들어서 법안을 제출하였다. 법안을 제출한 뒤에는 한바탕 토론의 장이 펼쳐졌다. 각 모둠에서 만든 법안을 게시한 뒤 하나하나 꼼꼼히 살피고 법안에 대한 의견을 포스트잇으로 남기고 토론에 들어갔다.

특히 첫 번째 모둠의 성소수자 관련 법안에서 성소수자를 위한 성중립화장실을 만들자 부분이 쟁점이 되었다. 성소수자를 위한 성중립화장실의 취지에는 공감하지만, 아직 몰래카메라 사건이 빈발하는 우리나라 상황에서는 시기상조라는 의견이 많았다. 이렇게 토론을 거친 뒤 모둠 내에서 법안을 수정하고 다시 상정하는 절차를 거쳤다. 최종적으로 법안을 통과시킬 때에는 과반수의 찬성을 얻어야 했다. 모든 모둠이 문제가 되는 문구를 조금씩 수정하여 법안을 제출하였고, 통과를 받았다. 첫 번째 모둠은 성중립화장실을 단계적으로 추가하는 것으로 수정하여 제출하였다. 하지만 그 법안은 최종적으로 통과되지 못하였는데 성폭력 사건이 획기적으로 줄어들어야만 시도할 수 있다는 의견이 여전히 우세했기 때문이다.

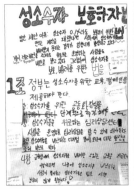

제출된 법안과 수정 의견

그 조항을 제외한 다른 조항은 통과되어 공포하는 절차를 거쳤다. 물론 가상의 상황이지만 진지하게 몰입하는 아이들의 모습이 대견하게 느껴졌다. 공표를 거친 이후에는 만들어진 법의 의미를 되새기고 우리가 그동안 진행해 온 민주적 절차에 대해 이야기를 나누었다. 마무리 차시에서 새로운 사회적 가치가 만들어지는 과정을 되돌아보고, 가치를 만들어 나가는 과정에서 주의해야 할 점, 생각해야 할 점들에 대해 이야기를 나누었다. 그리고 이 프로젝트의 핵심질문인 '새로운 사회적 가치는 어떻게 만들어지는가?'에 대한 각자 자신의 답을 적어 보며 프로젝트를 마쳤다.

이 단원을 실행하고

이번 단원의 수업들은 학생들의 일상 언어 사용에서 시작되었고, 평소에 궁금하였지만 차마 수업시간에는 얘기하지 못했던 궁금증들을 다루는 시간이었다. 학생들의 삶의 맥락과 아주 밀접한 관련을 가진 수업인 것이다. 학습자는 이런 경우 학습에 쉽게 몰입한다. 바로 "내 이야기"를 학습으로 다루기 때문일 것이다. 물론 학습의 과정에서 어려움과 막연함도 느끼고 수행평가과제의 해결과정에서 작은 갈등도 있었지만 점차 서로를 이해하고 자신을 성찰하는 아이들의 변화를 만날 수 있었다. 성역할과 관련하여 다른 사람들이 말을, 매체의 표현을, 사회의 관습을 그대로 내면화시키던 아이들이 자신만의 관점을 갖고 비판적으로 바라보기 시작한 것이다.

수업을 마친 시점에서 학생들은 성평등과 관련한 문제에서 '누가 더 차별받고 있는가?'가 중요한 질문이 아니라 '무엇이 차별을 생산하는가?'에 주목할 수 있게 되었으며 차별의 재생산 고리를 끊어내기 위해서 어떤 말과 행동을 해야 하는가, 어떤 법과 제도가 마련되어야 하는가에 대한 자신의 생각을 말할 수 있게 되었다. 또한 이러한 학습과정의 경험은 성평등 문제뿐만 아니라 다른 사회의 주제나 이슈를 해결하는 데에서도 동일하게 적용될 수 있을 것이다. 다음은 모든 학습을 마친 후 성평등에 대해 생각이 어떻게 변화하였는지에 대한 학생들의 답이다.

"저는 이 프로젝트 초반에는 여자가 더 차별받고 있다고 생각하고 있었는데 프로젝트를 다 하고 나니 남자 여자 모두가 차별받고 있는 것은 아닌지, 고정관념 때문에 모두가 힘들어지고 있는 것은 아닌지 하는 생각으로 바뀌었습니다."

"저는 처음에는 남자만 차별받는다고 생각해서 여성은 나쁘다는 생각이 들었었는데 여성도 차별받고 있다는 것을 알게 되었습니다. 남자, 여자가 나쁜 게 아니라 차별을 하는 사람이 나쁘다고 생각합니다."

"프로젝트를 하기 전엔 난 성차별을 한 적이 없다고 생각했습니다. 그런데 성평등 프로젝트로 인해서 그동안 아무 생각 없이 해 왔던 말이나 행동들이 차별이 될 수도 있겠다고 생각하게 되었습니다. 수업을 하면서 나는 무슨 잘못을 하고 있는지 생각하게 되었고 이제 고쳐야겠다고 생각하게 되었습니다. 우리나라가 성평등 문제가 심한 나라가 되지 않았으면 좋겠습니다."

"원래는 친구들이 성차별적인 말이나 행동을 하면 같이 하거나 무시했었는데 이젠 친구들이 차별하는 말을 하면 하지 말라고 할 것입니다."

초학문적 통합 수업을 해 보고자 하는 선생님들께

이 수업을 계획하고 준비하면서 가장 큰 걱정은 크게 두 가지였다. '아이들의 주도성이 얼마나 발휘될 수 있을 것인가?'와 '초학문적 통합에 많은 차시를 투입하였을 때 교과의 내용을 제대로 학습하지 못하는 것은 아닐까?'이다. 수업을 마친 이후 두 걱정 모두 기우였다고 생각되었다. 아이들은 몰입했고, 변화했다. 교과의 학습 내용 또한 통합 수업 안에 상당 부분 들어올 수 있었다.

우선 학습 주제가 아이들의 실제 생활과 맞닿아 있다 보니 아이들은 흥미와 관심을 가졌고, 또 이를 교과의 학습 내용과 연결시켜 해결하는 활동을 하니 흥미와 관심에 그치는 것이 아니라 실제로 아이들의 삶이 변화하는 모습을 관찰할 수 있었다. 쉽지 않은 수행평가과 제들이었고 수행과정에서 힘들어했지만 최선을 다하여 참여하였다. 그리고 그 결과물에 아이들의 이해 또한 드러나 있었다. 또한 이렇게 많은 차시를 초학문적 통합 수업에 포함시키면 다른 교과의 내용을 모두 학습하지 못하는 것은 아닐까 하는 걱정도 문제가 되지 않았다. 실제로 수행하다 보니 사회과, 수학과 미술과 등 상당한 교과의 학습 내용이 초학문적 통합 수업 안에 포함될 수 있었고, 오히려 교과의 내용이 자신의 실제 삶의 문제와 어떻게 연결되는지 체험하니 살아 있는 교육이 될 수 있었다.

초학문적 통합 수업의 가장 큰 장점은 그 출발이 학습자의 삶에 서 시작한다는 점이다. 그렇기 때문에 학습자들에게 배움과 삶이 유리된 것이 아니라 일체라는 것을 느끼게 한다. 이 통합 수업을 실행한 이후 '성평등'에 대한 아이들의 민감성이 올라간 것도 성과이겠지만 가장 큰 성과 중 하나는 학습에 대한 내적 동기가 올라갔다는 점이다. 이 통합 수업을 마친 후 일주일도 안 돼서 '또 이런 수업 안 해요?'라고 물어오는 아이들을 보면서 느낄 수 있었다. 학습에 있어 수동적인 아이들이 능동적으로 변화하는 모습을 보는 것만큼 교사에게 뿌듯한 일이 또 있을까 생각해 본다.

김경자(2010). 초등학교 통합교육과정의 의미 분석과 개선 방향 탐색. 초등교육연구, 23(2), 121-151.

김경자, 온정덕, 이경진(2019). 역량함양을 위한 교육과정 설계: 이해를 위한 수업. 서울: 교육아카데미.

더 나은 세상을 꿈꾸는 어린이책 작가 모임(2012). 비정규 씨, 출근하세요?. 경기: 사계절.

소경희(2012). 역량중심 교육을 위한 교육과정 설계 방안으로서 '과정-탐구' 모형 활용의 가능성과 의미 탐색. 교육과정연구, 30(1), 59-79.

온정덕, 변영임, 안나, 유수정(2018). 교실 속으로 간 이해중심 교육과정. 서울: 살림터.

윤영순(2009). Dewey의 경험개념에서 본 지식의 총체성과 교과의 의미. 영남대학교대학원 박사학위논문.

윤지영, 온정덕(2016). 역량의 총체성에 따른 교육과정 설계 방향 탐색. 교육과정연구, 34(2).

홍은숙(1999). 지식과 교육. 서울: 교육과학사.

Dewey, J.(1916). Democracy and Education. New York: Macmillan Co..

Dewey, J.(1938). Logic: the Theory of Inquiry. J. A. Boydston(ed.). (1984). John Dewey: the later works V. 12. Carbondale: Southern Illinois University Press.

Drake. S. & Burns. R.(2004). Meeting Standards through integreted Curriculum. Alexandria, Virginia: ASCD.

Drake. S.(2007). Creating Standards-based integrated curriculum: Aligning curriculum. content. assessment. and instruction (2nd Ed). Thousand Oaks, CA: SAGE.

Drake. S.(2012). Creating standards-based integrated curriculum: The Common Core State Standards (3rd Ed). Thousand Oaks, CA: SAGE.

Erickson, H, L.(2003). Integrated curriculum: A Chapter of the curriculum handbook. Alexandria. VA: ASCD.

James A, Beane(1997). Curriculum Integration: Designing the Core of Democratic Education. New York: Teachers College Press.

Joanna Olech & Edgar Bąk.(2018). 평등한 나라[Egaliterra. Poland: Wytwórnia]. 이지원 역. 서울: 풀빛.

Marzano, R. J., Brandt, R. S., Hughes, C. S., Jones, B. F., Presseisen, B. Z., Rankin, S. C., & Suhor, C.(1988). Dimensions of thinking: a framework for curriculum and instruction. Alexandria, VA: Association for Supervision and Curriculum Development.

Perrone, V.(1998). Why do we need a pedagogy of understanding? In M. S. Wiske, (Ed). Teaching for understanding; Linking research with practice. (pp. 39-57). San Francisco: Jossey-Bass.

Rodgers, C.(2002). Defining reflection: another look at John Dewey and reflective thinking. society(pp. 41-62). Cambridge, MA: Hogrefe & Huber Publisher Teachers College Record, 104(4), 842-866.

Rychen, D. S., & Salganik, L. H.(2003). A holistic model of competence. In D. S. Rychen, & L. H. Salganik(Eds.), Key competencies for a successful life and a well-functioning.

Tomlinson, C. A. & McTighe. J.(2012). 맞춤형 수업과 이해중심 교육과정의 통합[Integrating Differentiated Instruction and Understanding by design. Alexandria, VA]. 김경자, 온정덕, 장수빈 옮김. 서울: 학지사.

Wiggins, G., & McTighe, J(1998). Understanding by design. Alexandria, Virginia: Association for Supervision and Curriculum Development.

Wiggins, G., & McTighe, J.(2005). Understanding by design. (2nd Ed.) Alexandria, Virginia: Association for Supervision and Curriculum Development.

Ylva Karlsson & Sara Lundberg. (2021). 내가 아닌 다른 누군가를 생각해 [Jag och alla. Sweden: Bokslukaren Urax]. 이유진 옮김. 경기: 위고.

Wiggins, G., & McTighe, J.(2012). The Understanding by design guide to advanced concepts in creating and reviewing units. Alexandria, Virginia: Association for Supervision and Curriculum Development.

삶의 행복을 꿈꾸는 교육은 어디에서 오는가?

● **교육혁명을 앞당기는 배움책 이야기** 혁신교육의 철학과 잉걸진 미래를 만나다!

● 비고츠키 선집 발달과 협력의 교육학 어떻게 읽을 것인가?

01 생각과 말
L.S. 비고츠키 비고츠키 지음 | 배희철·김용호·D. 켈로그 옮김
690쪽 | 값 33,000원

02 도구와 기호
비고츠키·루리야 지음 | 비고츠키 연구회 옮김
336쪽 | 값 16,000원

03 어린이 자기행동숙달의 역사와 발달 I
L.S. 비고츠키 지음 | 비고츠키 연구회 옮김 | 564쪽 | 값 28,000원

04 어린이 자기행동숙달의 역사와 발달 II
L.S. 비고츠키 지음 | 비고츠키 연구회 옮김 | 552쪽 | 값 28,000원

05 어린이의 상상과 창조
L.S. 비고츠키 지음 | 비고츠키 연구회 옮김 | 280쪽 | 값 15,000원

06 성장과 분화
L.S. 비고츠키 지음 | 비고츠키 연구회 옮김 | 308쪽 | 값 15,000원

07 연령과 위기
L.S. 비고츠키 지음 | 비고츠키 연구회 옮김 | 336쪽 | 값 17,000원

비고츠키와 인지 발달의 비밀
A.R. 루리야 지음 | 배희철 옮김 | 280쪽 | 값 15,000원

비고츠키의 발달교육이란 무엇인가?
비고츠키교육학실천연구모임 지음 | 412쪽 | 값 21,000원

비고츠키 철학으로 본 핀란드 교육과정
배희철 지음 | 456쪽 | 값 23,000원

비고츠키와 마르크스
앤디 블런던 외 지음 | 이성우 옮김 | 388쪽 | 값 19,000원

교사와 부모를 위한 비고츠키 교육학
카르포프 지음 | 실천교사번역팀 옮김 | 308쪽 | 값 15,000원

08 의식과 숙달
L.S 비고츠키 | 비고츠키 연구회 옮김 | 348쪽 | 값 17,000원

09 분열과 사랑
L.S. 비고츠키 지음 | 비고츠키 연구회 옮김 | 260쪽 | 값 16,000원

10 성애와 갈등
L.S. 비고츠키 지음 | 비고츠키 연구회 옮김 | 268쪽 | 값 17,000원

11 흥미와 개념
L.S. 비고츠키 지음 | 비고츠키 연구회 옮김 | 408쪽 | 값 21,000원

12 인격과 세계관
L.S. 비고츠키 지음 | 비고츠키 연구회 옮김 | 372쪽 | 값 22,000원

13 정서 학설 I
L.S. 비고츠키 지음 | 비고츠키 연구회 옮김 | 584쪽 | 값 35,000원

14 정서 학설 II
L.S. 비고츠키 지음 | 비고츠키 연구회 옮김 | 480쪽 | 값 35,000원

수업과 수업 사이
비고츠키 연구회 지음 | 196쪽 | 값 12,000원

관계의 교육학, 비고츠키
진보교육연구소 비고츠키교육학실천연구모임 지음
300쪽 | 값 15,000원

교사와 부모를 위한 발달교육이란 무엇인가?
현광일 지음 | 380쪽 | 값 18,000원

비고츠키 생각과 말 쉽게 읽기
진보교육연구소 비고츠키교육학실천연구모임 지음
316쪽 | 값 15,000원

레프 비고츠키
르네 반 데 비어 지음 | 배희철 옮김 | 296쪽 | 값 21,000원

혁신교육 존 듀이에게 묻다
서용선 지음 | 292쪽 | 값 16,000원

다시 읽는 조선 교육사
이만규 지음 | 648쪽 | 값 37,000원

대한민국 교육혁명
교육혁명공동행동 연구위원회 지음 | 224쪽 | 값 12,000원

교실 속으로 간 이해중심 교육과정
온정덕 외 지음 | 224쪽 | 값 13,000원

포스트 코로나 시대의 교육
성열관 외 지음 | 224쪽 | 값 15,000원

내일 수업 어떻게 하지?
아이함께 지음 | 300쪽 | 값 15,000원

핀란드 교육의 기적
한넬레 니에미 외 엮음 | 장수명 외 옮김 | 456쪽 | 값 23,000원

한국 교육의 현실과 전망
심성보 지음 | 724쪽 | 값 35,000원

독일의 학교교육
정기섭 지음 | 536쪽 | 값 29,000원

교실 속으로 간 이해중심 통합교육과정
온정덕 외 지음 | 224쪽 | 값 15,000원

초등 백워드 교육과정 설계와 실천 이야기
김병일 외 지음 | 352쪽 | 값 19,000원

학습격차 해소를 위한 새로운 도전 보편적 학습설계 수업
조윤정 외 지음 | 240쪽 | 값 15,000원

교육의 미래와 학교혁신
마크 터커 지음 | 전국교원양성대학교 총장협의회 옮김
332쪽 | 값 19,000원

남도 임진의병의 기억을 걷다
김남철 지음 | 288쪽 | 값 18,000원

프레이리에게 변혁의 길을 묻다
심성보 지음 | 672쪽 | 값 33,000원

다시, 혁신학교!
성기신 외 지음 | 300쪽 | 값 18,000원

왜 체 게바라인가
송필경 지음 | 320쪽 | 값 19,000원

풀무의 삶과 배움
김현자 지음 | 352쪽 | 값 20,000원

비고츠키 아동학과 글쓰기 교육
한희정 지음 | 300쪽 | 값 18,000원

왜 지속가능한 디지털 공동체인가
현광일 지음 | 280쪽 | 값 17,000원

선생님, 우리 영화로 세계시민 만나요!
변지윤 외 지음 | 324쪽 | 값 19,000원

백워드로 설계하고 피드백으로 완성하는
성장중심평가
이형빈·김성수 지음 | 356쪽 | 값 19,000원

우리 교육, 거장에게 묻다
표혜빈 외 지음 | 272쪽 | 값 17,000원

교사에게 강요된 침묵
설진성 지음 | 296쪽 | 값 18,000원

마을, 그 깊은 이야기 샘
문재현 외 지음 | 404쪽 | 값 23,000원

비난받는 교사
다이애나 폴레비치 지음 | 유성상 외 옮김 | 404쪽 | 값 23,000원

한국교육운동의 역사와 전망
하성환 지음 | 308쪽 | 값 18,000원

철학이 있는 교실살이
이성우 지음 | 272쪽 | 값 17,000원

아이를 함께 키울 온 마을은
어떻게 만들어야 할까?
차상진 지음 | 282쪽 | 값 17,000원

선생님, 제주 4·3이 뭐예요?
한강범 지음 | 308쪽 | 값 18,000원

참된 삶과 교육에 관한
생각 줍기